イラスト図解でわかる

教科書活用

maruoka shinya

丸岡慎弥

東洋館出版社

はじめに

「教科書」と聞いて、みなさんはどんなことを思い浮かべるでしょうか。

「教科書なんてつまらない」

「教科書を使って授業をすることなんてよくわからない」

もしかすると、そんな思いをもっている先生もいるかもしれません。

「教科書通り教える先生なんてつまらない」

というキャッチフレーズは、どこかで一度は聞いたことがあるかもしれませんね。

もしかすると、教科書を使って授業をするというイメージは「決まった通りに教えること」「工夫をしないで授業すること」といったことが思い浮かび、さらに言うと「手を抜いている」と思う先生もいらっしゃるかもしれません。

私自身もそうでした。

はじめて先生になったころ、

「子どもたちにとって楽しい授業がしたい！」

その一心で毎日の授業準備に取り組んでいました。


何とか子どもたちにわかりやすく教えることはできないかな……。

子どもたちと楽しい授業がしたいな……。


そんな思いをもち続けていると、いつの間にか次のような思いをもつようになりました。

「教科書ではなく自分で工夫してプリントをつくろう！」

そう思った私は、慣れないイラストを入れながら、さらには、教科書を見ながら、自作プリントを必死につくりました。

「これで子どもたちと楽しい授業ができる」

そう思った私は、授業を楽しみにしていました。理由もなく「教科書よりも自分のつくったプリントの方が絶対に楽しいぞ！」と信じていたのです。

それもそのはず。私は、その一つの授業で使用するプリントをつくるのに、かるく1時間を超えていたのです。

そして、授業……。

結果は、さんざんたるものでした。

プリントを配るとすぐに書き込みを始める子。空欄があるので埋めたくなるのは当然です。すぐに折り紙を始めてしまう子。教科書とちがってペラペラなので仕方ありません。

さらには、文字の間違いを含め、いくつかのミスもありました。そのおかげで授業は大混乱。私の1時間を超える努力の時間は、一瞬にして水の泡となったのです。

私こそ「教科書なんてつまらない」「教科書通りでは工夫がない」と信じ切っていたのです。

しかし、その私の思っていたことは、本当にそうなのでしょうか。

教科書とは、そこまでつまらないものでしょうか。

教科書を使うことは、工夫がないものなのでしょうか。

その経験から、私は「教科書をどのように活用するとよいのか」ということをずっと考えてきました。教科書を分析する研修会を開催したり、大学の先生にもご指導いただいたりしてきました。

さらに加えて、コーチングを学びました。コーチングでは、相手の力を引き出すスキルや在り方について学びました。「これは毎日の授業でも活かせるな」と確信したのです。

そんな学びを通して、私は教科書に対して次のようなことに気がついたのです。

・そもそも、教科書こそ子どもたちの気づきや力を引き出す工夫がなされている
・子どもたちにもわかりやすいようにシンプルな構成になっている
・先生も子どもたちも共有して持ち続けているので、学習に取り組みやすい

・本当にたくさんの方々がかかわって作成されていることに加えて、文部科学省の検定が通っていることで、高い質が保たれている

つまり、教科書は、私の作成したプリントなんかよりもはるかに一級の資料だったのです。

本書では、私がどのようにして教科書を活用しているのかを、イラストと図解をふんだんに交えながら、わかりやすく本質について紹介させていただきました。

ぜひ、本書をきっかけに、教科書を最大限に活用するスキルとノウハウを身につけてください。

２０２４年１月10日
令和６年能登半島地震で被災された方々に最大限の思いを寄せて

丸岡　慎弥

目次

第1章

教科書でつくるこれからの教育 009

ラーニングコンパスから見るこれからの授業 010
教科書という学びの世界に浸る 012
教科書で「目的」に向かう力をつける 014
Society6.0を考えてみる 016
教科書を通じて身につけたい本当の力 018
共同エージェンシーを育てる 020
「単線系」から「複線系」へ 022
AARでとにかく動く 024

第2章

教科書とは 027

教科書を法律の視点から見てみる 028
教科書はだれのもの? 030
教科書は最大限考えられている 032
教材とは何かをとらえ直す 034

教科書フル活用で働き方改革　036
教科書×授業改革　038
情報の裏側を読み取る～クリティカルシンキング～　040
もし自分が教科書をつくる人なら……〈裁量権のお話〉　042
学びの責任モデルにあてはめてみる　044
経験カリキュラムとしての活用　046

第3章 教科書活用で生み出すこれからの日常授業…… 049

『教科書研究』を読み解く　050
パーツに分ける　052
タイトルにツッコミを入れてみる　054
問題場面にツッコミを入れる　056
展開場面のツッコミでポイントを押さえる　058
教科書を見る見ないは子どもが判断　060
ポイントを押さえて活用場面へ　062
学びの責任の流れをつかむ　064

第4章 教科書を使った超具体的実践例　国語編…… 067

国語教科書は扉と手引きを読む！　068

第5章 教科書を使った超具体的実践例 社会編……081
社会科教科書活用の基本 082
社会科の基本発問の扱い方 084
社会科は子どもが調べる時間 086
調べたい資料を自己決定させる 088
ペーパーテスト対策をしっかりと 090

第6章 教科書を使った超具体的実践例 算数編……093
算数授業を教科書で充実させる 094
扉ページで押さえたい2つのこと 096
算数教科書特有の構造を知る 098
教科書活用を自己選択させる 100
思考と基礎基本のバランスをとる 102

第7章 教科書を使った超具体的実践例 理科編 …… 105

理科の教科書の見方 106
子どもの意見から学習をつくる 108
観察・実験を子どもたちに任せよう！ 110
教科書と自分の発見を比べる 112
学習内容を条件付きでまとめる 114

第1章

教科書でつくるこれからの教育

ラーニングコンパスから見るこれからの授業

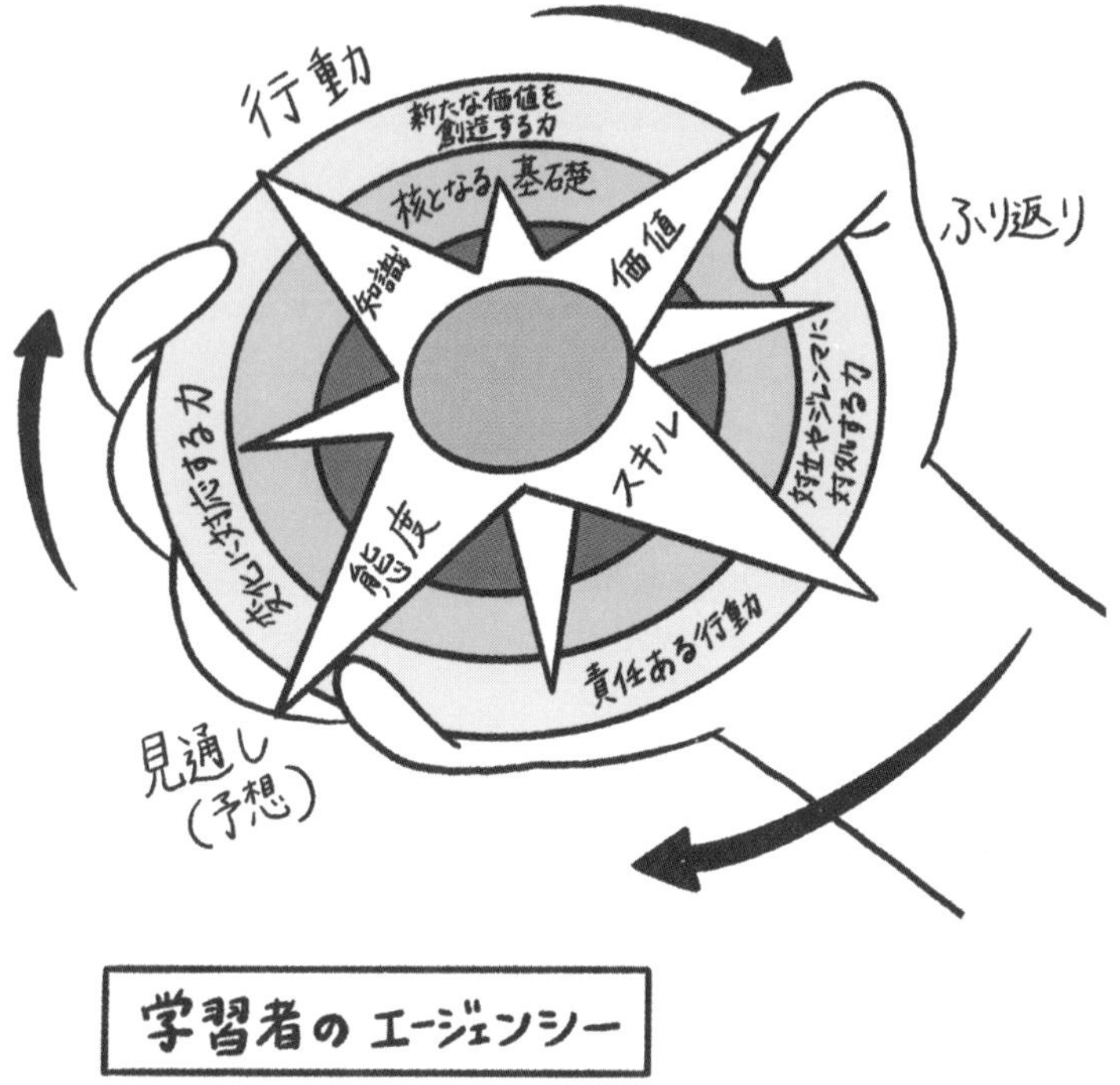
行動
新たな価値を創造する力
核となる基礎
知識
価値
スキル
態度
ふり返り
対立やジレンマに対処する力
変化に対応する力
責任ある行動
見通し（予想）
学習者のエージェンシー

年間1000時間近くある毎日の授業が目指している先はどこなのでしょうか。その一つの答えを、OECD（経済協力開発機構、ヨーロッパ諸国を中心に日・米を含め38ヶ国の先進国が加盟する国際機関）が打ち出しているラーニングコンパス（OECD、2019）から、みてみましょう。

ラーニングコンパスは、上ページの図です。OECDは、ラーニングコンパスを「これからの学習の枠組み」であると示しています。学習者である子どもは、「知識」「スキル」「態度」「価値」を身につけながら、これからの未来に大切な力をつけていく必要があると言っています。

その大切な力とは、

・責任ある行動をとる力
・対立やジレンマに対処する力
・新たな価値を創造する力

の3つだと言っているのです。

その力をつけるために、子ども自身の力と、その子どもを応援してくれる周囲の人たちの力と、双方を使いながら、未来へ進むのだと打ち出しました。

それは、子どもたちが、自らのコンパスを持って航海へと旅立ち、仲間の力を借りながら進んでいくことと言えるでしょう。

自分の人生の主体者はあくまでも自分であり、自分自身のコンパスを信じて、目的地を目指していくようなものです。

ＯＥＣＤは、私たちの向かう先を「WELLBEING（ウェルビーイング）」とし、「それぞれの幸福に向かう」ことの大切さを主張しました。物が豊かになり、様々な情報に簡単にアクセスできる時代になった今、向かう先はいったいどこなのか。

その目的地を「それぞれの人生の幸福」としたのです。

教科書という学びの世界に浸る

みなさんは、教科書をどのようにとらえていますか。また、授業をどのようにとらえているでしょうか。

私は、授業という場を、**教材（教科書など）をきっかけに、問題・課題を発見し、解決していく場**と、とらえています。もちろん、知識や技能を習得する場でもありますが、それらもできるだけ「問題解決」という体験を通して身につけてほしいと思っています。

時には、教材は、子どもたちにとって直接的な体験になることもあるでしょう。1年生の生活科では、実際に公園に出かけて秋をみつけに行きます。3年生の理科では、本物の虫を求めて、本物から学びます。直接体験したことにより、知ったことや考えたことを蓄積して、学びを重ねていく。本物から学ぶことで、子どもたちは本物の学びをつかみ取っていく。これは、間違いのないことです。

教科書は体験の場
教科書をきっかけに
問題・課題を発見し
解決していく

　しかし、すべてを本物から学ぶことは、学校教育の中では、現実的に難しいところがあります。また、歴史の学習など、すでに、この世の中から本物がなくなっていることもあるでしょう。社会科の学習でも、農業や漁業を学んだとしても、いつもその場に足を向けることはできません。

　そこで、教科書です。子どもたちは、**教科書という学びの世界に入り込み、自分の「学びのコンパス」をもって、問題や課題を発見し、解決していく**のです。そのときには、自分の力を発揮することはもちろん、友だちや先生、さらには教科書以外の情報源（参考書やインターネット）を通じて、問題や課題を解決していくのです。

　教科書は優れた要素を多く含んでいます。子どもの興味関心を引きつける題材、学習指導要領に基づいて制作されていること、子どもたちに必要な知識と能力を身につけられるなど様々あるのです。

教科書で「目的」に向かう力をつける

ラーニングコンパスの図をよく見てみると、「Student agency（生徒エージェンシー）」と書かれています。

これをOECD（2018）は、次のように説明しています。

> 生徒が社会に参画し、人々、事象、および状況をより良い方向へ進めようとする上で持つ責任を担うという感覚

それを、左ページに図にしてまとめてみました。

子どもたちを「社会をより良くしていこうとする存在である」というようにとらえます。VUCAといわれる先が見えない変化の激しい社会であっても、そこに参画し、自分たちの手で、自分たちの社会をつくっていく感覚、そんな力を子どもたちはもっています。

では、その土台となる力は何なのでしょうか。OECDは、

> 方向付けとなる目的を設定し、目標を達成するために必要な行動を見い

だす能力

と説明しています。

何もこれは大それたことではなくて、**ふだんの授業から、そして学校生活から日常的に取り組むことができる**ことです。

教科書には、子どもたちが解決するべき問題や課題が設定されています。その課題を達成するためには、いくつかの目標を通過していかなくてはいけません。

また、その目標を自分で設定することも必要でしょう。そして、目標を設定したら、自分の力で行動に移し、解決していく……。

ふだんの授業から、そうした力を高めることを知っておきましょう。

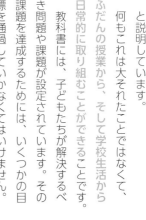

Society6.0を考えてみる

毎日の日常的な学校の授業。ＯＥＣＤのラーニングコンパスが示しているように

日常の授業は、子どもたちの人生のWELLBEINGにつながっている

という意識を常にもち続けたいものです。本書の提案する教科書活用の授業も、向かう先は子どもたちが自分自身の人生を幸せに豊かに生きていくことができるようになるための資質・能力を育成していくことです。

日本の授業のほとんどで教科書が活用されています。教科書で子どもたちの資質・能力を育成していくのです。

そのときに、忘れてはいけないことがあります。

子どもたちは、20年後の社会を「社会人」として生きていく

ということです。

「教室は20年後の未来を過ごす力をつ

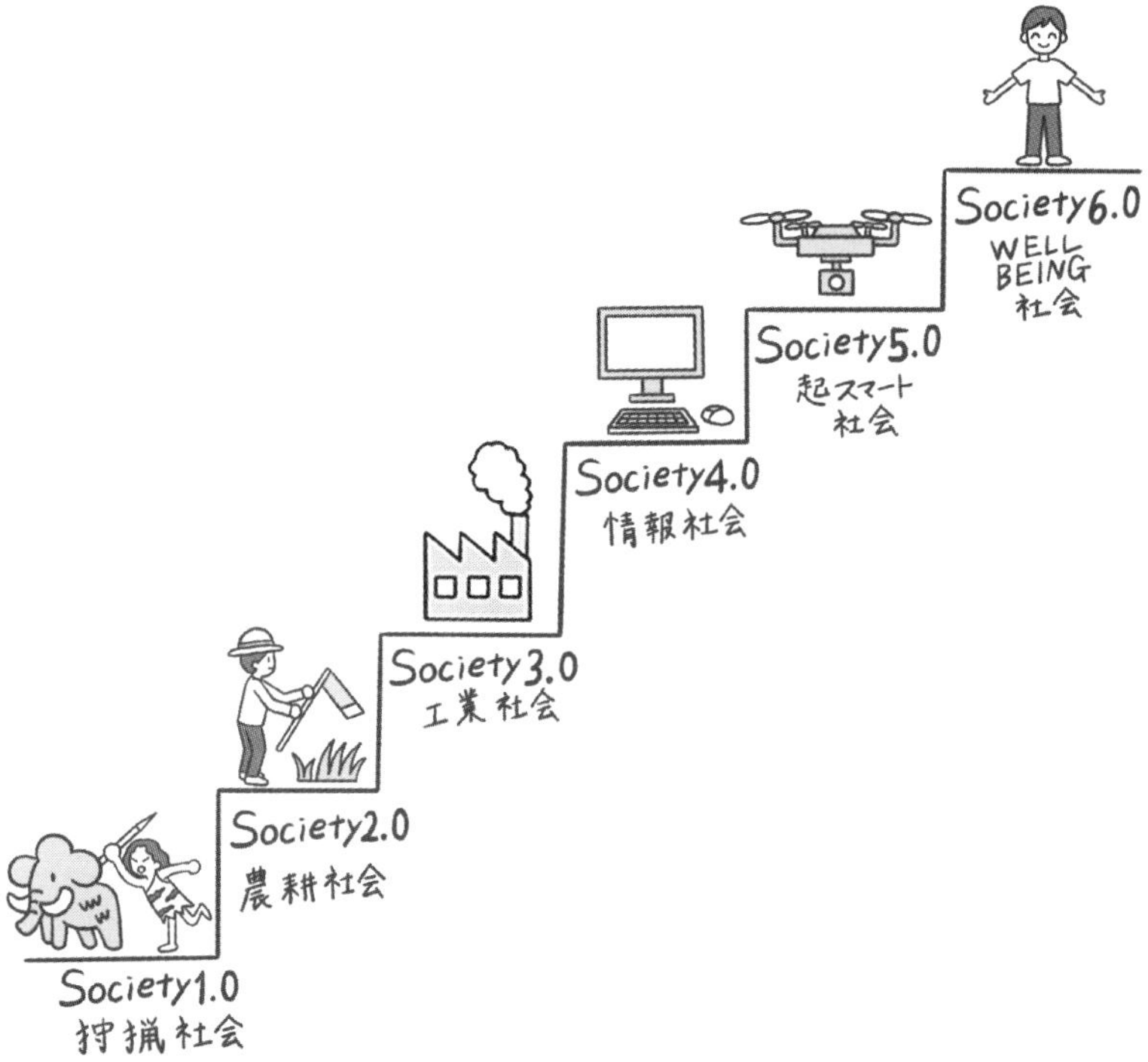

Society6.0
WELL BEING 社会
Society5.0
超スマート社会
Society4.0
情報社会
Society3.0
工業社会
Society2.0
農耕社会
Society1.0
狩猟社会

ける場所」と言われています。教育は現代への投資ではなく、未来への投資なのです。

　つまり、

子どもたちの20年後を想像して日々の実践を行う

という視点をもちあわせておく必要があります。

　では、子どもたちの20年後の未来社会はどうなっているのでしょうか。

　私が未来の予測をできるわけではありませんが、「WELLBEINGな社会」を生きていることは間違いがないと思います。社会はどのように進化しているのかをとらえながら、日々の授業に取り組むようにしましょう。

教科書を通じて身につけたい本当の力

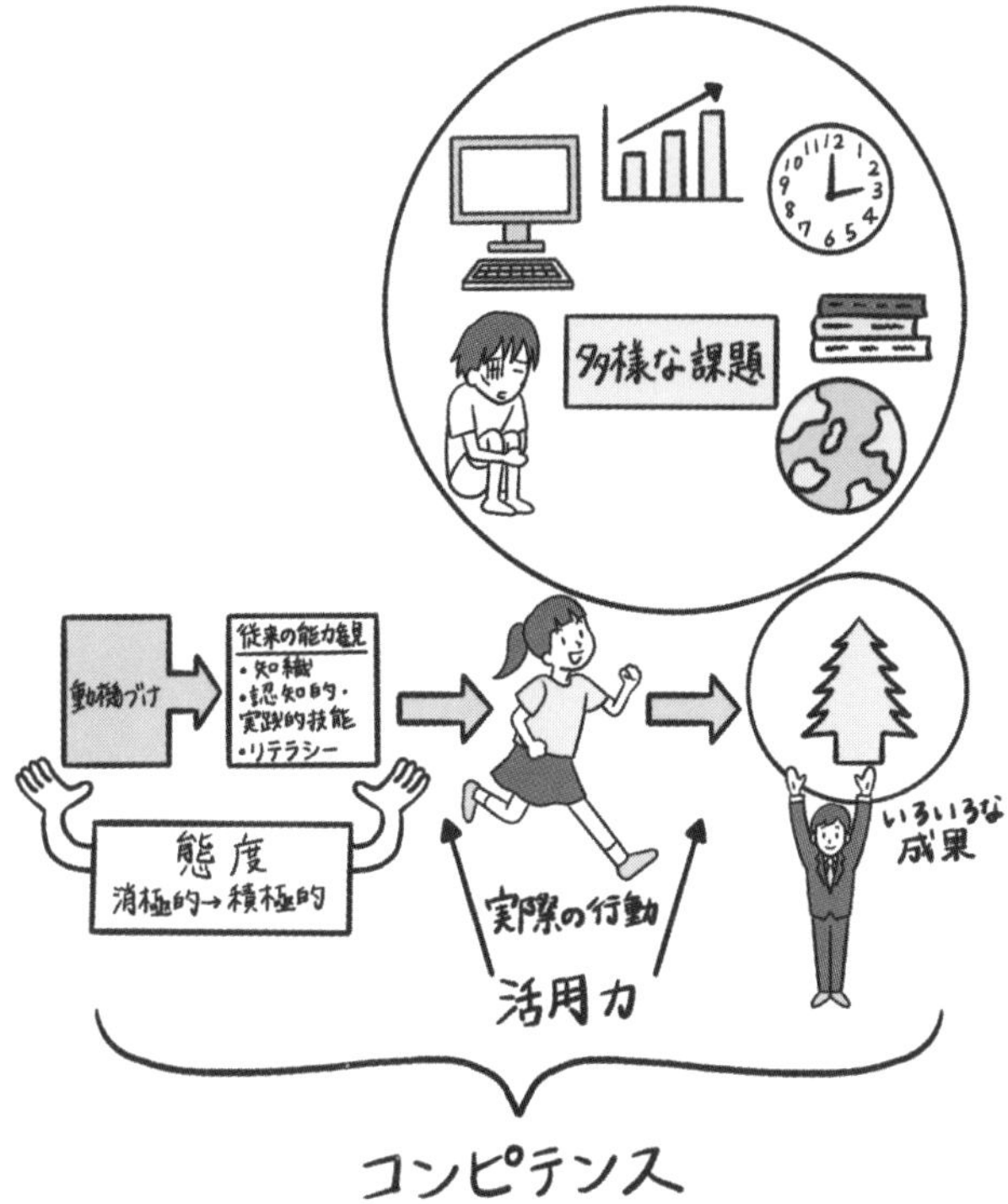
多様な課題
動機づけ
従来の能力観
・知識
・認知的・実践的技能
・リテラシー
態度
消極的→積極的
実際の行動
活用力
いろいろな成果
コンピテンス

授業で身につけさせたい力って、本当は何なのでしょうか。それは、教科書を通じて身につけさせたい力のことです。

「微分積分ができても実社会では使わない……」

「理科で習った○○は、結局大人になってから直接活用したことはない……」

そんなことは、本書を読んでいる大人の方であれば、だれもが一度は考えたことがあるのではないでしょうか。

そのように感じたことがある人が多くいる中でも、学校ではそうした学習内容を扱っている。教科書にも、しっかりと学習内容が組み込まれている。

これはいったいどういうことなのでしょうか。

その答えは、

本当につけたい力は「コンテンツ（学習内容）」だけではなく、「コンピテンシー（資質・能力）」にもある

からです。

現行の学習指導要領では、すべての教科でつけたい力として

・知識及び技能
・思考力、判断力、表現力
・主体的に学習に取り組む態度

の3つの柱が掲げられています。

また、ラーニングコンパスでは「責任ある行動をとる力」「対立やジレンマに対処する力」「新たな価値を創造する力」の3つが掲げられています。

教科書を通じた学習は、これらの「資質・能力」を育成するという視点をもって授業を行います。そもそも教科書は3つの資質・能力を育成するためにつくられているのです。

もちろん、コンテンツも、とても大切なことです。ただし、それらを活用できる「資質・能力」を育てるという視点を忘れないようにしましょう。

共同エージェンシーを育てる

ラーニングコンパスの図をよく見てみると「生徒エージェンシー」とは別に「共同エージェンシー」という言葉が見られます。本項では、「共同エージェンシー」についてみていきましょう。

「生徒エージェンシー」とは、子どもたち一人ひとりに身につけてほしい力のことです。OECDが、「未来社会を豊かに生きるには、このような力が必要だ」として定めたものであり、つまり、「個」に特化した概念と言えるでしょう。

とはいえ……人間は一人では生きていくことはできません。時に、人の力を借りて自分の課題を越えていくことも多くあります。

OECDは「共同エージェンシー」を次のように設定しています。「Student Agency for 2030 仮訳」を見てみましょう。

生徒が、共有された目標に向かって邁進できるように支援する。保護者との、教師との、コミュニティと

の、そして生徒同士との、双方向的な互いに支え合う関係として定義されます。

当然ですが、人はすべての課題を一人でこなすわけではありません。たくさんの人たちといっしょに、目の前にある課題や問題を解決していきます。

つまり、その人のもつ「人とのつながり」も、その人の力だと言えるのです。どんな子（人）にも、一人で乗り越えることのできない課題があります。そんなときに「共同エージェンシー」を発揮できるかどうかも大切な能力です。それらを教科書を活用した授業で育てていくのです。

「単線系」から「複線系」へ

今日の授業のめあては…
めあて
従来の「単様的」な授業

　授業で大切だと言われ続けている「めあて」。授業中にも、黒板に「めあて」を書く先生も多いのではないでしょうか。学校の研究授業で「めあて」を黒板に書いていなければ、ほとんどの場合で「なぜ、めあてを書かないのか」と話題にあげられ、指導されることでしょう。

　では、この「めあて」は、一体、だれのためにあるのでしょうか。子どもたちは、授業中に「めあて」がなければ学びにくいと感じているのでしょうか。

　私は、10年以上、ほとんどの授業で「めあて」を板書せずに授業を実施してきました。また、先生方向けの模擬授業も100本以上は実施してきています。その授業でも「めあて」は書かずに行ってきました。

　では、授業を受けていた子どもたちや先生たちは「学びにくい」と感じたのでしょうか。

　結果、そのような言葉は一度も聞かれませんでした。どうやら、学習者においい

知識・技能
学びに向かう力
思考・判断・表現
きょうかしょ
現代の「複線系的」な授業

て「めあて」は、そこまで重要ではないのかもしれません。

それよりも大切なことは「見取り」であると思っています。子どもたちが生徒エージェンシーや共同エージェンシーを発揮しようとしているか、また、身につけさせたいと思う資質・能力を身につけようとしているかどうかなどがポイントだと思うのです。

もちろん、1時間の授業の中で「こんなことを身につけさせたい（知識・技能）」「こんなことを思考体験させたい（思考力・判断力・表現力）」などがあります。

国語授業名人、野口芳宏先生は「指導事項」として子どもたちに教えるべき項目を把握することが大切であると主張しました。私は、その「指導」の中に「知識・技能」「思考力・判断力・表現力」「学びに向かう力」が含まれるものと思っています。それらの力を教科書を通じた授業で育てていきましょう。

AARでとにかく動く

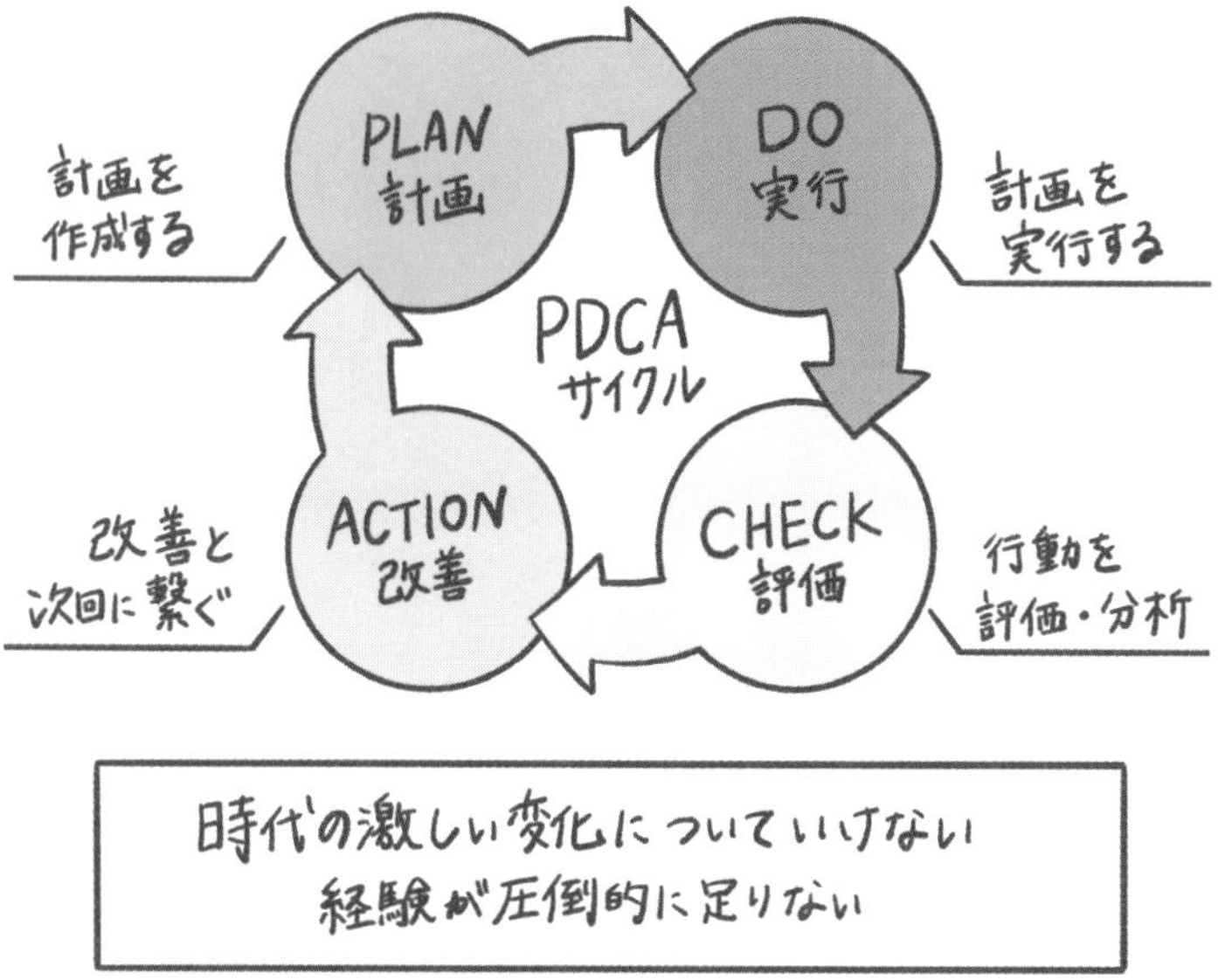
PLAN
計画
DO
実行
CHECK
評価
ACTION
改善
PDCA
サイクル
計画を
作成する
計画を
実行する
行動を
評価・分析
改善と
次回に繋ぐ
時代の激しい変化についていけない
経験が圧倒的に足りない

ラーニングコンパスには「AAR」という記載があります。

AARとは……

> 見通し（A）・行動（A）・振り返り（R）サイクルは学習者が継続的に自らの思考を改善し、集団のウェルビーイングに向かって意図的に、また責任を持って行動するための反復的な学習プロセス

と紹介されています。そして、この「AARサイクル」をとにかく回していくことの重要性が述べられています。

その理由として、

> 計画を立てること、経験、そして振り返りを**繰り返す**ことで学習者は理解を深め、視野を広げます。※青字筆者

とOECDは説明しています。

日本で、これまで主張されてきたサイクルに「PDCAサイクル」があります。

PDCAサイクルとAARサイクルを比べると一つ文字が少ないことに気がつ

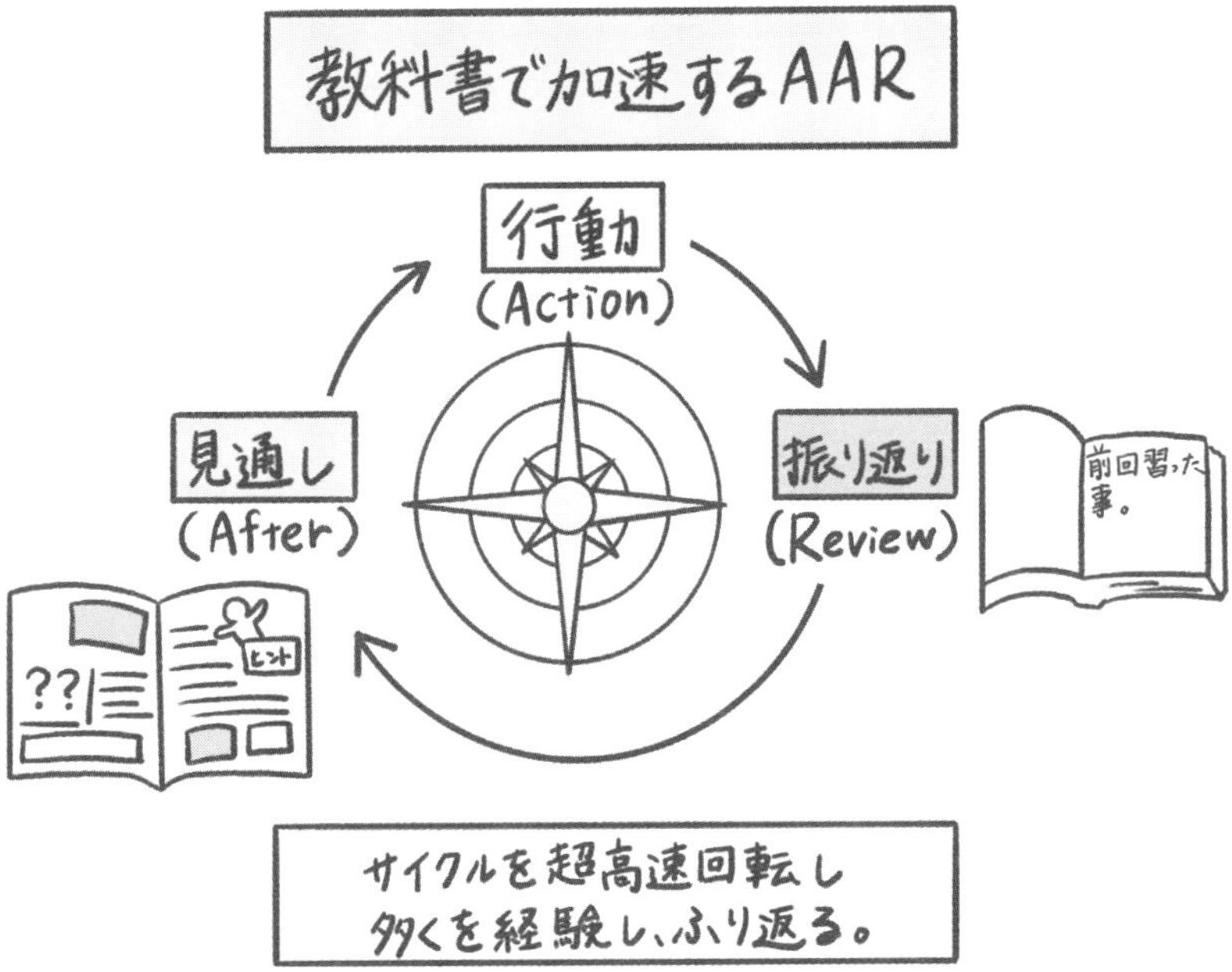
教科書で加速するAAR
行動
(Action)
振り返り
(Review)
前回習った事。
見通し
(After)
ヒント
??
サイクルを超高速回転し
多くを経験し、ふり返る。

くでしょう。ＰＤＣＡでは「チェック・アクション」となっていますが、ＡＡＲサイクルでは、「Ｒ（振り返り）」のみとなっています。

つまり、ＡＡＲサイクルの方が、ＰＤＣＡに比べて、もっと経験を増やしていこうというニュアンスが含まれているのです。

これを現場で実現可能にしてくれたのがＧＩＧＡスクール構想です。これまで、子どもたちの主体的な学習と言えば「計画を立ててから、図書館で調べて、それを模造紙にまとめて……」といった動きしか取れませんでしたが、ＧＩＧＡスクール構想になってからは「見通しをもつ→ネットで調べる→スライドにまとめる」と、まさに高速回転することができるようになりました。

そのきっかけとなるのが、教科書です。教科書活用でどんどんＡＡＲを回していきましょう。

第2章

教科書とは

教科書を法律の視点から見てみる

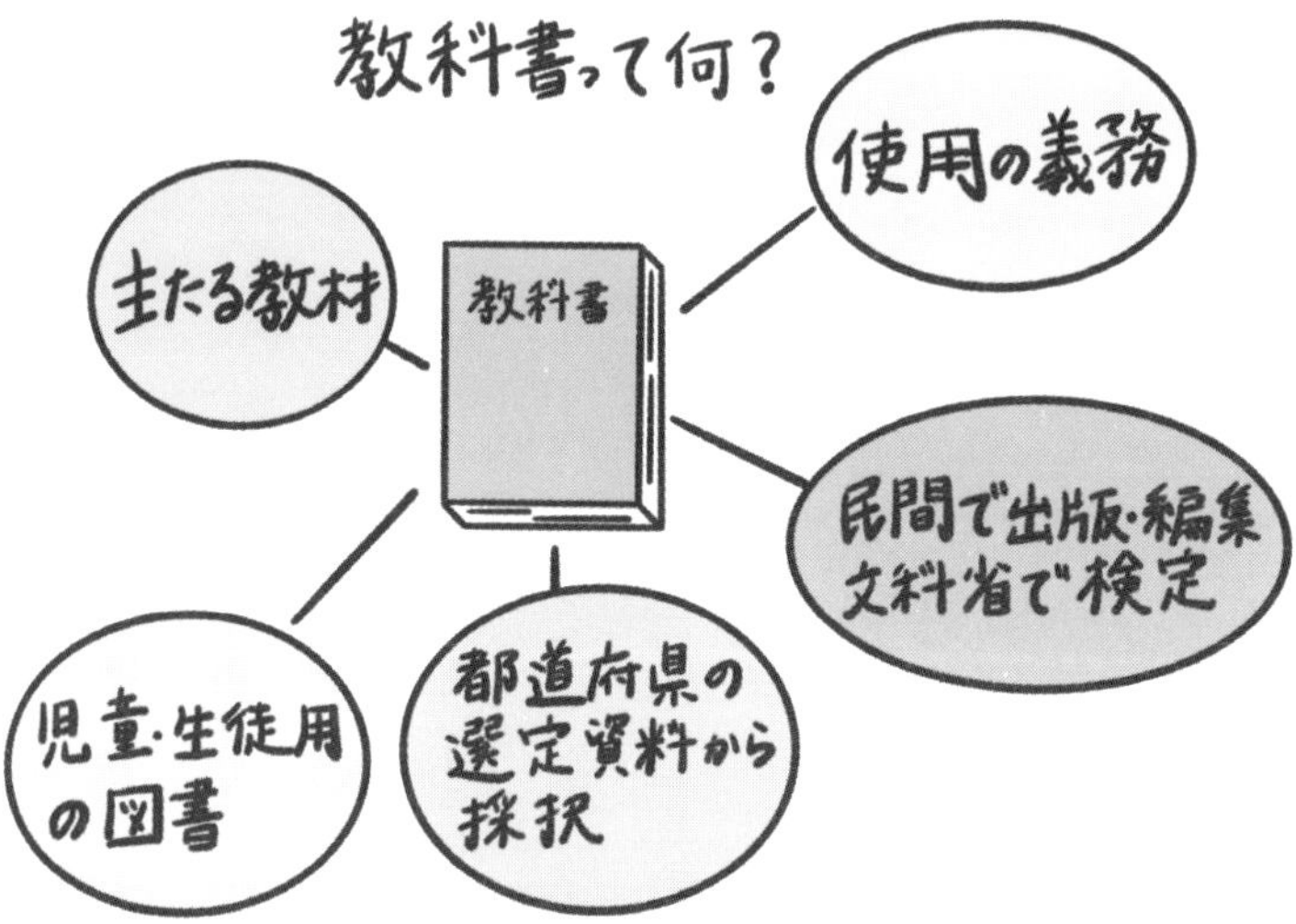
教科書って何？
使用の義務
主たる教材
教科書
民間で出版・編集
文科省で検定
児童・生徒用の図書
都道府県の選定資料から採択

本章では「教科書とは何か」という視点から探っていきます。

まず、そもそも「教科書」とは何なのでしょうか。ご存じの通り、「教科書」は法的に定められている出版物です。

教科書とは、教科書の発行に関する臨時措置法において次のように定義されています。

> 小学校、中学校、義務教育学校、高等学校、中等教育学校及びこれらに準ずる学校において、教育課程の構成に応じて組織排列された教科の主たる教材として、教授の用に供せられる児童又は生徒用図書であり、文部科学大臣の検定を経たもの又は文部科学省が著作の名義を有するもの」（発行法第2条）。

教科書は法律でも定義づけられています。そして、このように定められているからこそ、それを「ある程度は活用しましょう」という義務があります。

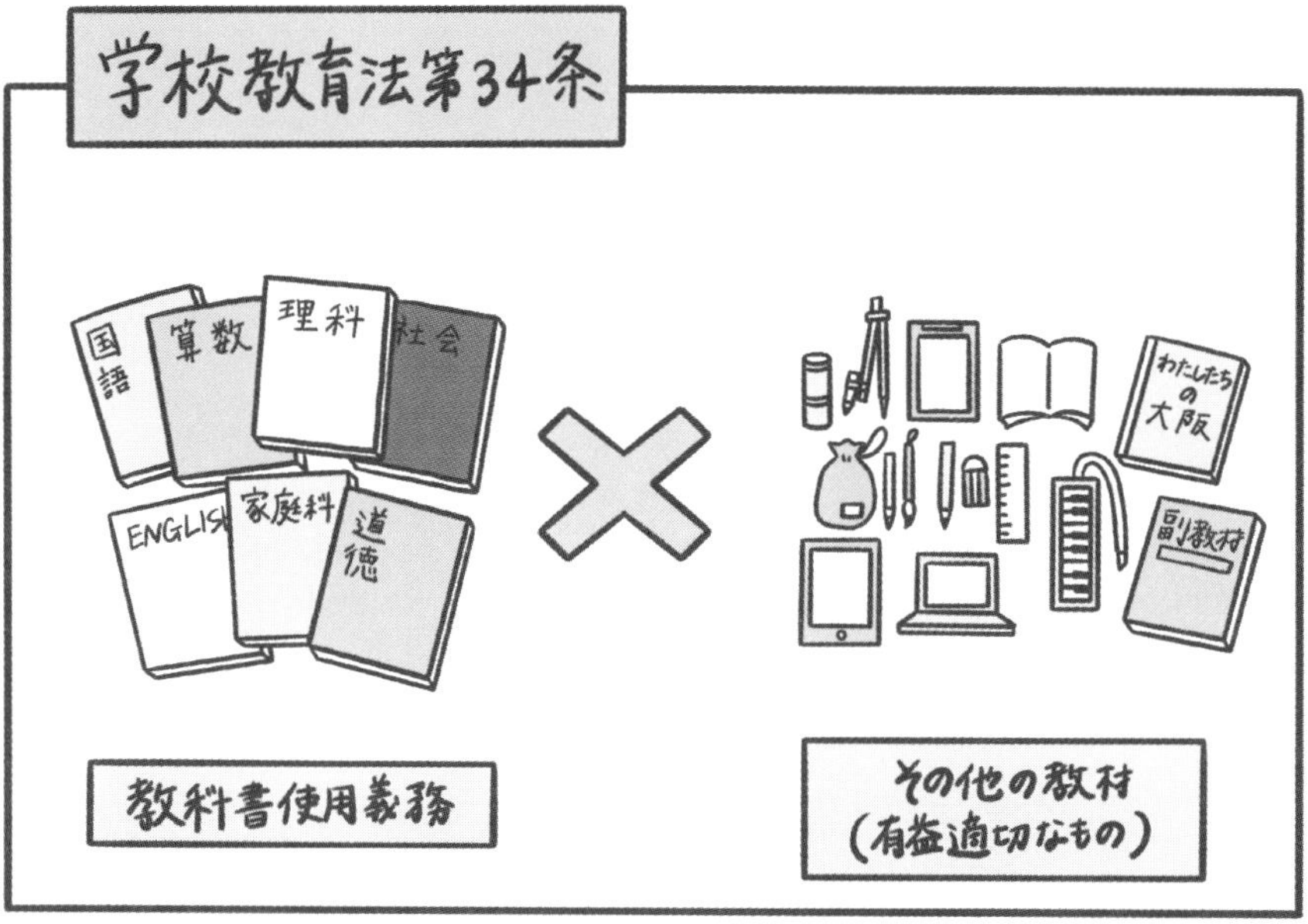
学校教育法第34条
国語
算数
理科
社会
ENGLISH
家庭科
道徳
わたしたちの大阪
副教材
教科書使用義務
その他の教材
（有益適切なもの）

学校教育法　第34条（教科用図書その他の教材の使用）

（1）小学校においては、文部科学大臣科学省が著作の名義を有する教科用図書を使用しなければならない。

（2）前項の教科用図書以外の図書その他の教材で、有益適切なものは、これを使用することができる。

この条項では「小学校」となっていますが、中学校や高等学校も、それぞれ同じように定められています。

学校教育法34条では、教科書を使用しなければならないことと、その他の教材で有益なものは使用してもよいということが定められています。

この組み合わせを、どう授業に活かすかがポイントです。

教科書はだれのもの？

「教科書はだれのものか？」

そんな当たり前の問いをどうしてわざわざ投げる必要があるのか。

それは、これまで全国の教室で、「教科書を子どものものとしていない」と見られる光景があったからです。

・算数の授業で「子どもが答えを見るから」と、授業前に回収する。

・学校で扱っていない学習内容を「先に見てはいけない」と、隠そうとする。

・「教科書なんてつまらない」と、先生が勝手に価値のないものとして、子どもたちに伝える。

残念ながら、こうした光景は、10年ほど前には、当たり前のように見られていました。とても「教科書は子どものために配られている」とは思えません。

皆さんもご存じの通り、教科書の裏側には、こんな風に書かれています。

「この教科書は、これからの日本を担う皆さんへの期待をこめ、国民の税金によって無償で支給されています。大切に使いましょう。」

大切に使うのはだれか？　もちろん、子どもたちです。しかし、残念ながら、現場で使用制限をしてきた経緯があります。また、教科書は「学年別配当漢字」を基に忠実に書かれています。これは当然ですが、子どもたち自身が自力で読むことができるための配慮です。

「学び合い」「バズ学習」「自由進度学習」など、子どもたちが主体的に学ぶことのできる教育方法が様々実践されています。探究学習もこれからさらに実践されなければいけません。

教科書は子どもたちのものである

そのように堂々と言える授業をつくっていかなければならないのです。

教科書は最大限考えられている

今日は「月」と「太陽」を学習します
宇宙!!
スケールでかい!
何で「月」と「太陽」!?
月と太陽は単なる並列ではなく
光
月
地球
太陽
影
光
関係の総体、広がりを含ませ、想像が楽しくなる仕掛けなんです。

「教科書なんてつまらない……」「教科書通り教える先生はおもしろくない」

昔から、世間では、このような言葉が使われ、「教科書はつまらないもの」というイメージが社会に沁みついている気がしますが、本当に教科書はダメなものなのでしょうか。

私は、

教科書は最大限に考えられている

ととらえています。

とはいえ、それは本当にそうなのか？例を出しながら考えてみましょう。

たとえば、『月と太陽』（啓林館６年）という単元が掲載されています。本単元では、月の満ち欠けや周期などを学習する単元となっています。発展学習として、人類が初めて月に行ったことなどが扱われており、月をメインとした学習です。

それでは、単元のタイトルは「月の動き」や「月について」などでもよいのではないでしょうか。月の学習をするにも

関わらず「月と太陽」という単元名が記されている。ここには、どのような意味があるのか。

　私たちの見る月の形と太陽には、密接な関係があります。みなさんに説明するまでもありませんが、月の位置と太陽の光の角度で、私たちの見る月の形が変わってきます。しかし、子どもたちには、そのことはなかなか理解できません。だからこそ「月と太陽」というタイトルを教科書は設定しているのだと、私は考えました。

　教科書は、たくさんの方が関わるからこそ、よりよい教材として生まれ、子どもたちの手に渡されます。

　このことを、最大限に活かすようにしましょう。「教科書にはまだまだ可能性が眠っている」。そんな風に、教科書をとらえ直して教材分析をしてみてください（詳しくは第3章以降でも紹介します）。

教材とは何かをとらえ直す

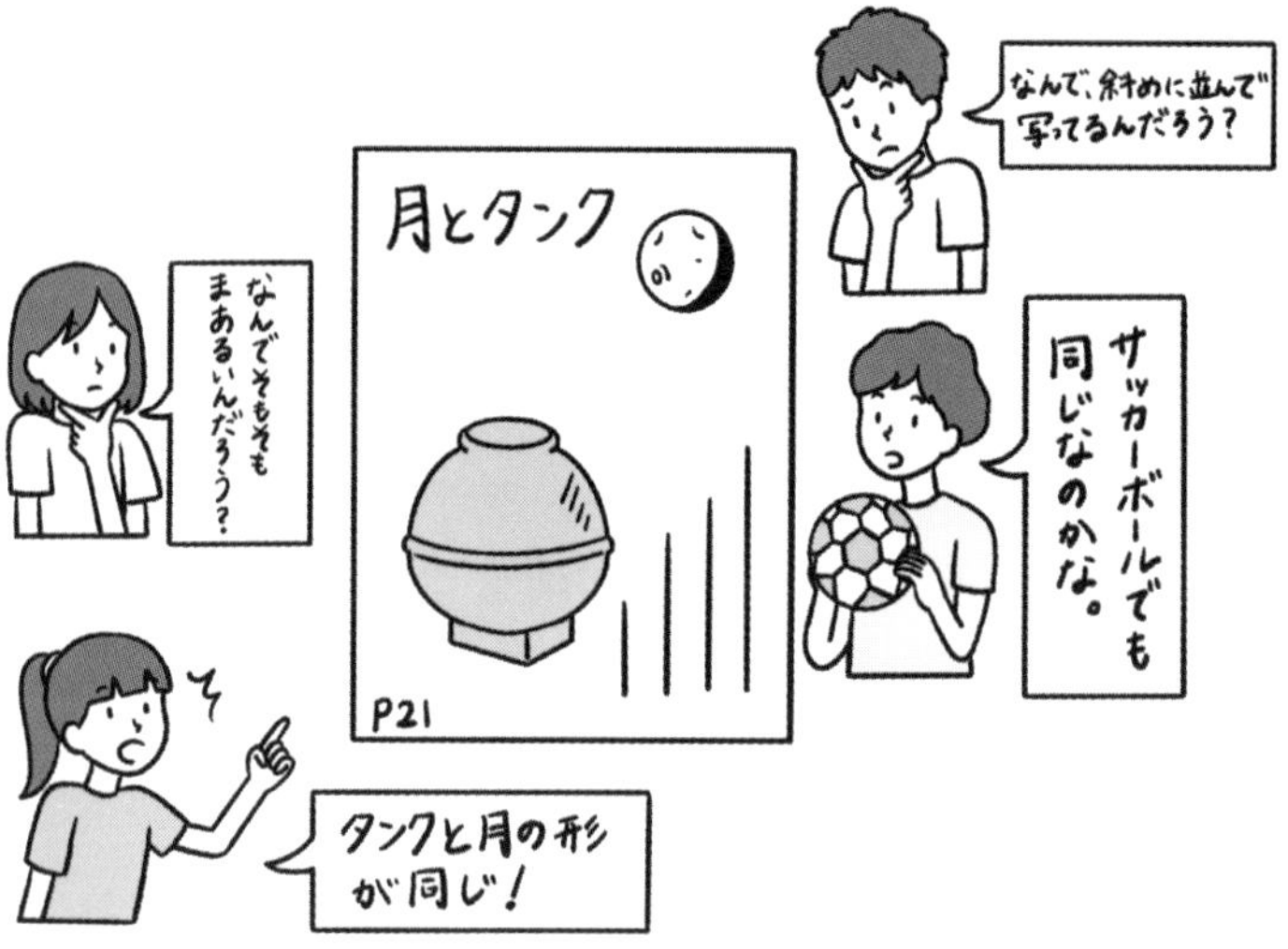

私たちがふだんから使用している「教材」という言葉。そして、ふだんから私たちは、教材を授業で活用し続けています。「教材のない授業はない」と言っていいほど、私たちの学校生活にはなくてはならないものと言ってもいいでしょう。

では、それだけふだんから接している「教材」とは、一体何なのでしょうか。

辞書には、次のように記載されています。

> 授業や学習に用いる諸種の材料。教科書・副読本・標本などをいう。
> (goo 辞書)

確かにこの通りですが、少し味気がありません。教材を専門の視点で見る私たちにとっては、この説明では物足りないでしょう。

私は、次のように考えています。

・知的な刺激があるもの
・学習の本質に向かうことができるもの
・学習の見通しをもつことができるもの

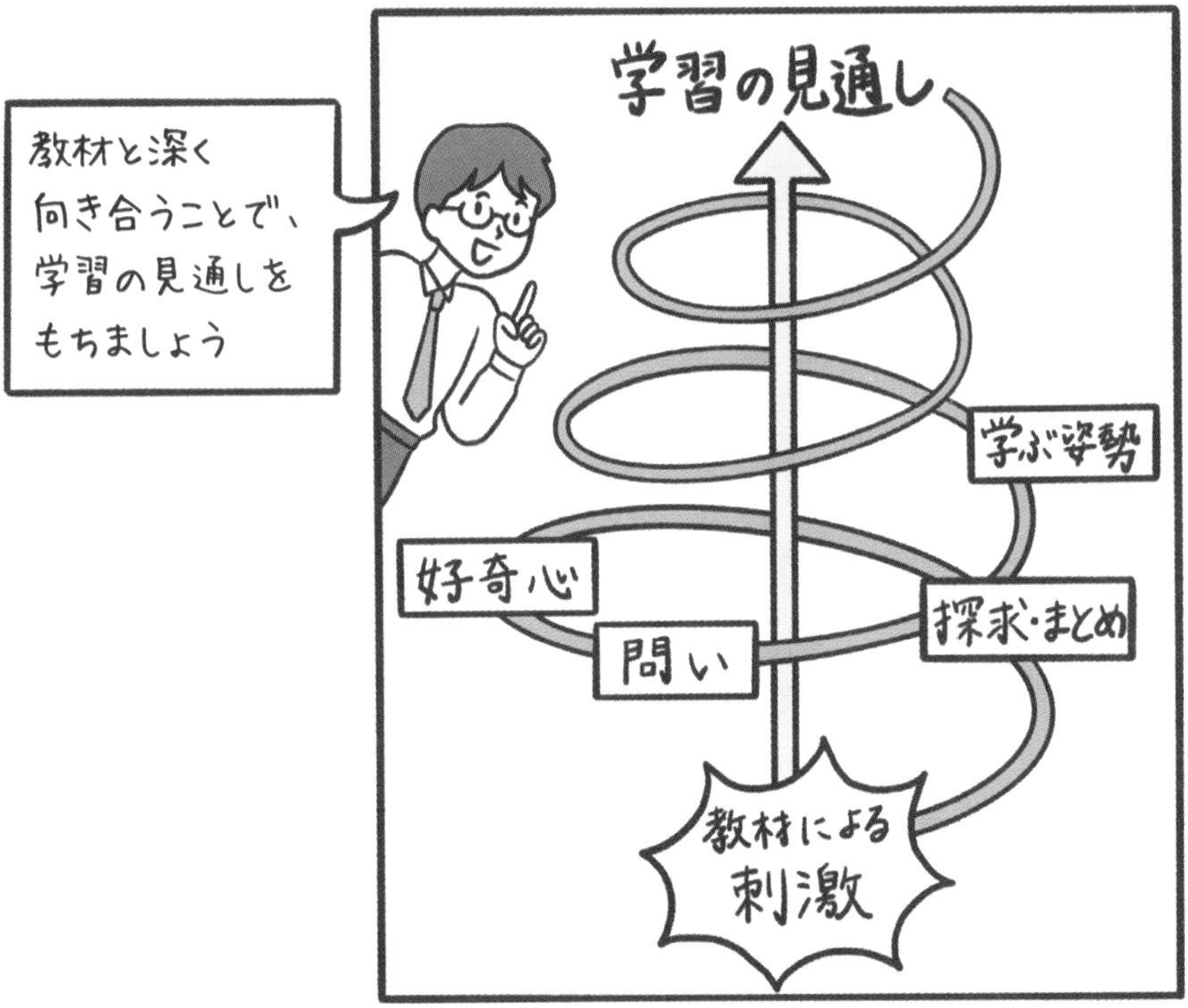
教材と深く
向き合うことで、
学習の見通しを
もちましょう
学習の見通し
学ぶ姿勢
好奇心
探求・まとめ
問い
教材による
刺激

教材は「子どもたちの興味関心をひけばいい」というものではありません。教材との出会いを通して、知的な刺激や好奇心を抱くものであることはもちろん、その教材を深く考えることで、その授業や単元の本質的な学びに向かうことができるものでないといけないと思っています。

また、その教材と向き合うことで、本時や教材の学習の見通しをもてるものでなければいけません。

たとえば、先ほど紹介した「月と太陽」（啓林館6年）では、右のような写真が掲載されています。

よくみると、月とタンクの形が同じです。このように、子どもたちの好奇心を刺激するようなものが「教材」と言えるのです。

教科書フル活用で働き方改革

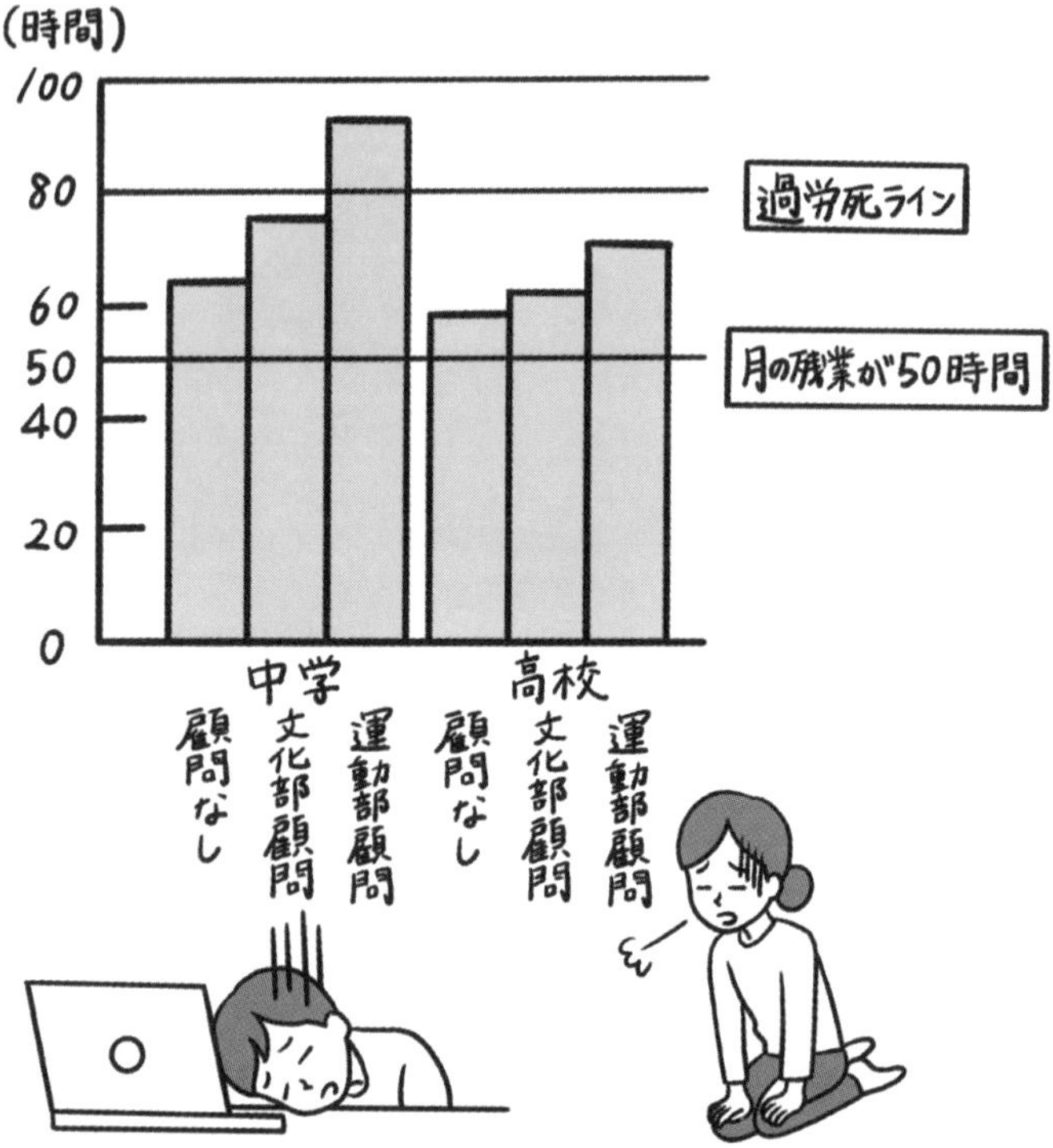

(時間)
100
80
60
50
40
20
0
過労死ライン
月の残業が50時間
中学
高校
顧問なし
文化部顧問
運動部顧問
顧問なし
文化部顧問
運動部顧問

小・中学校の先生の働き方が社会問題となってしばらく経ちますが、その解決の兆しは一向に見えません。

名古屋大学の調査（内田　2021）では、20～50代の公立小中学校で働く教員924人にインターネット上でアンケート調査を実施。その結果、先生方の残業時間が「過労死ラインを超えている」と打ち出されました。このような結果は、2006年の東京大学が行った「教員勤務実態調査（Benesse 教育研究開発センターが調査を受託）」でも、同じようなものが出ています。同調査でも、先生方の残業時間が月に50時間を超えています。

では、国から抜本的な働き方改革の一手はあるのか？　様々な取り組みがなされていますが、教育界は根本的に「人材不足」に陥り「隣りの先生がいないからサポートする」は日常的な学校の風景となってしまいました。

では、どうするのか？

私が考える、働き方を改善する大きな一手となるのが、

教科書フル活用で時短授業準備

なのです。

どうしてかと言うと……

・必要な情報がシンプルに掲載されている
・一冊を完成させるまでに様々な専門家が携わっている、さらに、文部科学省の検定も経ている
・子どもたち全員が持ち合わせており、情報を常時共有できる
・子どもたちが自力で読むことができるように配慮されている

といった特徴をもちあわせているからです。また、教科書活用により「資質能力ベースにした授業開発」というこれから求められる教育に合わせることもできると思っています（詳しくは第3章以降）。

教科書×授業改革

教科書をうまく活用することで、よりよい授業づくりにつなげることができます。それは間違いのないことですが、時代はＶＵＣＡの時代と言われるようになり、さらに、コンテンツベースからコンピテンシーベースへと移り変わってきました。

これまでは、教科書を活用して「わかりやすい授業」「子どもができる授業」が求められてきましたが、今の時代は「子どもたちの能力を伸ばす授業」「子ども自身が伸びていく授業」が求められます。

そのように時代が変化した今、教科書の活用も変わっていかなければいけません。

では、具体的には、教科書を使って、どのようなことを授業に取り入れれば、子どもたちの資質能力を引き出すことができるのでしょうか。ここでは、キャリア教育の分野で打ち出されている「基礎的汎用的能力」の視点でみてみましょう。

たとえば、次のような授業や学習を行

うことで、さまざまな能力を伸ばすことができると考えられます。

○子どもたち自身が、教材などから問題や課題を発見する授業【課題対応能力】

○子どもたちが自分たちで見通しや計画をもって学習を進める授業【キャリアプランニング能力】

○子どもたちが、自分たちのやるべきことを自分たちの力でクリアしていく学習。【自己理解・自己管理能力】

○子どもたちが対話的な学びや協働的な学びをもとにして進める学習【人間関係形成能力・社会形成能力】

このようにして、「知識・技能の視点ではなく、その時々の学習活動が、どのような能力を伸ばそうとしているのか、という視点でとらえ直すのです。

このような能力も、教科書活用を工夫することで、十分に引き出すことが可能です。

情報の裏側を読み取る
～クリティカルシンキング～

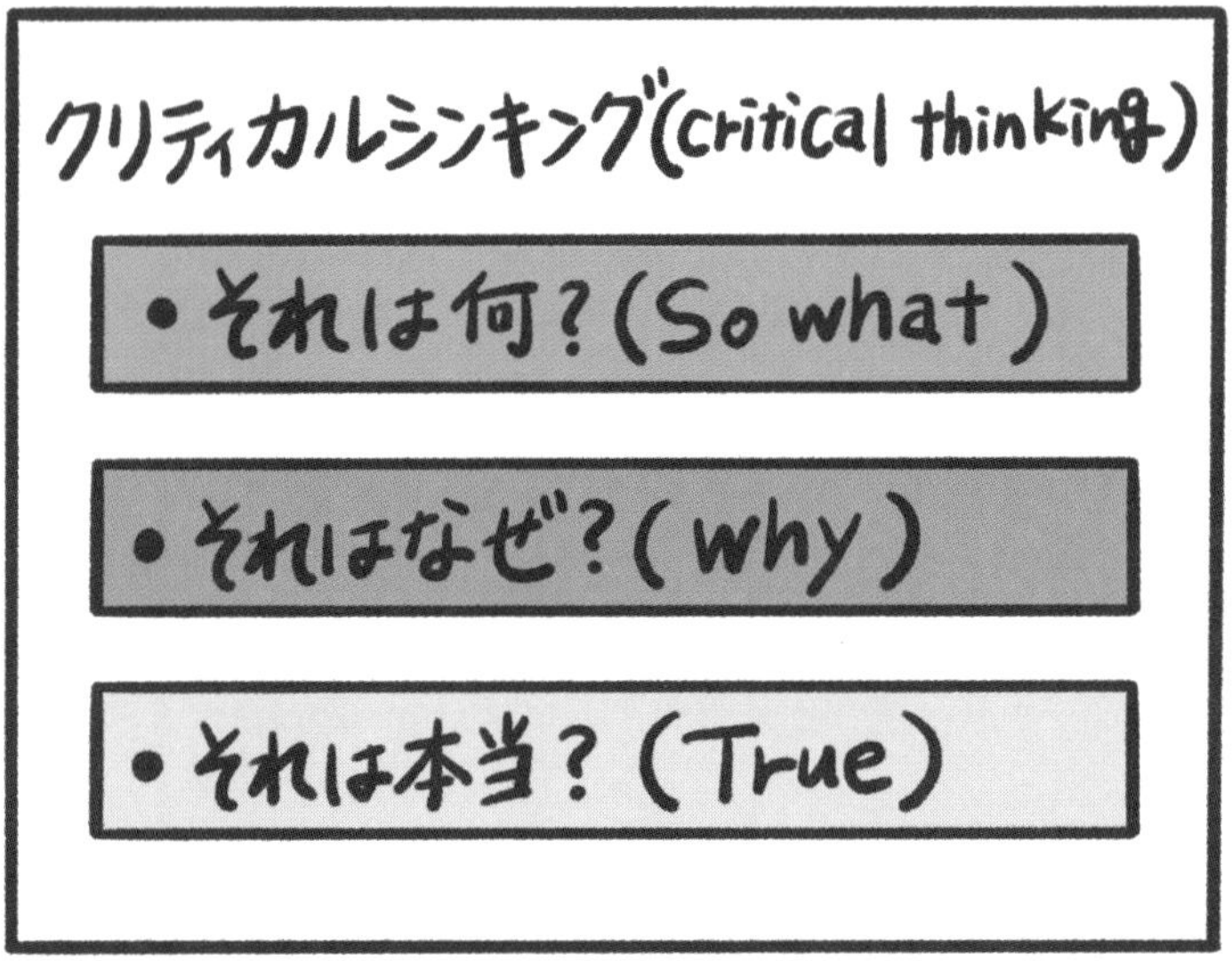
クリティカルシンキング(critical thinking)
・それは何?(So what)
・それはなぜ?(why)
・それは本当?(True)

最近、注目されているギフテッド。ギフテッドとは……

> 平均より著しく高い知的能力を指す用語。(Wikipedia)

と言われます。つまり、「人間には、生まれつき能力の差がある」ということを、改めて確認できるものとも言えるでしょう。

　では、(私を含め)一般的な能力しかもちあわせない人は、どのように成果を上げていけばいいのか。

　そのときに大切な要素が

クリティカルシンキング
(批判的思考)

と呼ばれる考え方です。

　クリティカルシンキングとは……

・論理的・構造的に思考する
・無意識に行っていることや思考していることを意識化する
・それを客観的かつ分析的に振り返る

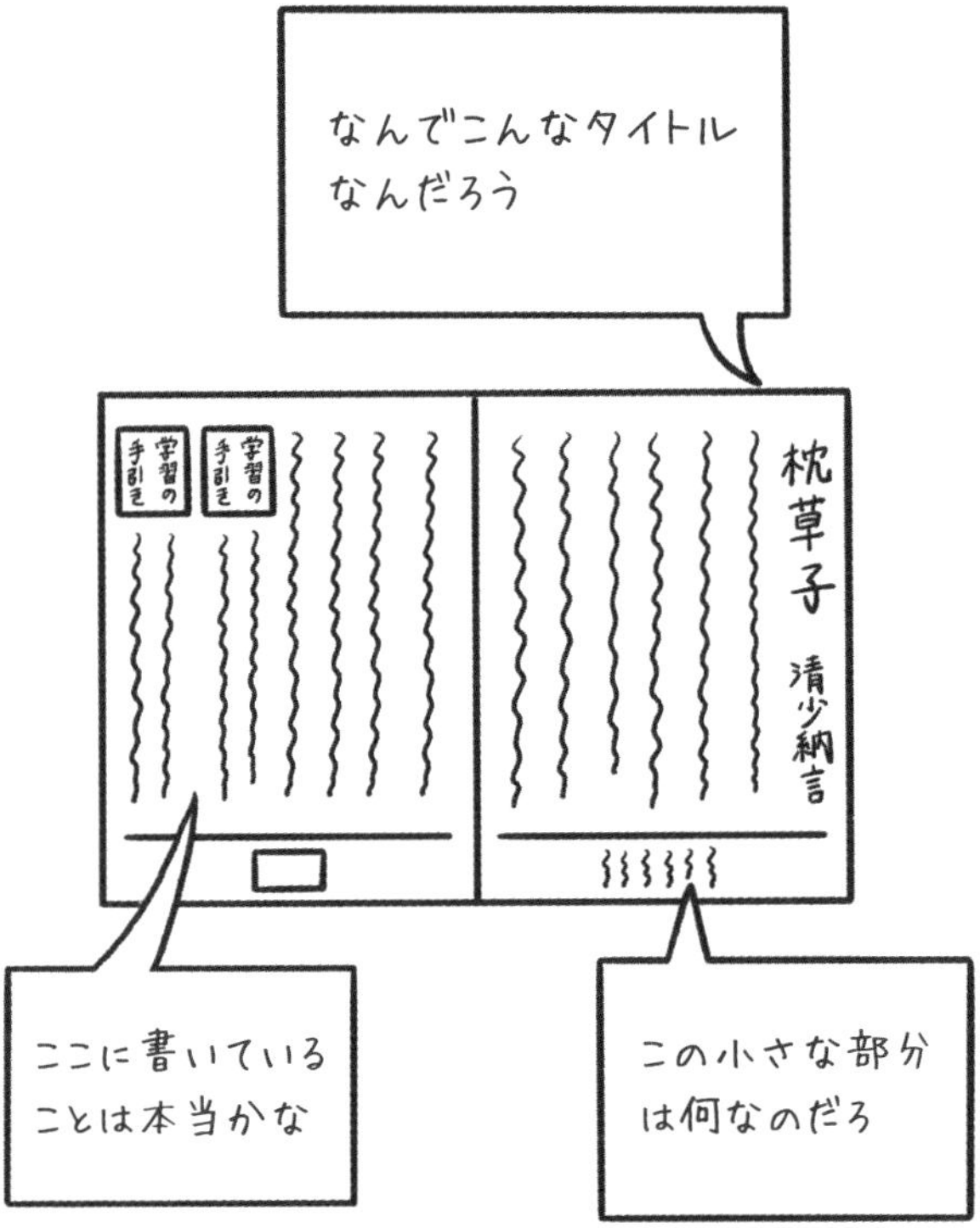
なんでこんなタイトル
なんだろう
枕草子
清少納言
学習の手引き
学習の手引き
ここに書いている
ことは本当かな
この小さな部分
は何なのだろ

といった思考法のことです。そして、クリティカルシンキングの3つの代表的な問いとして、

・So what（だから、何？　その意味は？）
・Why（それは、なぜ？）
・True（それは、本当？）

があげられています。

教科書はとてもよくできています。だから教師は、この3つの問いをはじめ、批判的思考を思いきりぶつけてみましょう。

「なぜ、この問題文なのか？」「ごんぎつねとは、子どもたちにとって何なのか？」「教科書は本当に万能か？」そんな問いをぶつけることで、自分なりの考えをもつことができるようになります。

ぜひ「クリティカルシンキング」を使いこなせるようになってくださいね。

もし自分が教科書をつくる人なら……〈裁量権のお話〉

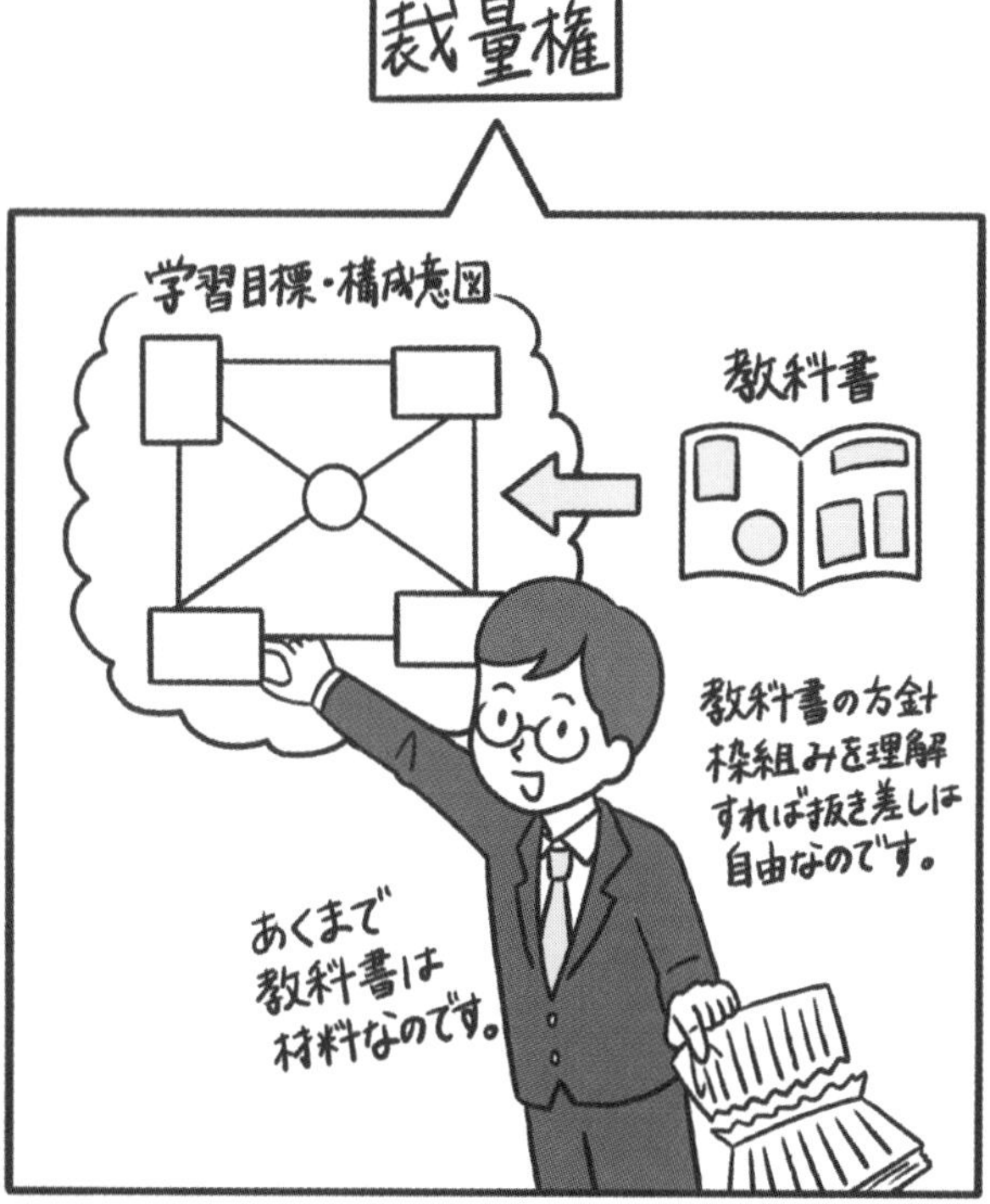

「教科書以外を使ってはいけない」「教科書の内容をアレンジしてはいけない」と思ってしまうかもしれませんが、決してそうではありません。教科書の使用義務があると同時に、その他の教材も使用してよいと、法律でもきちんと定められています（P.28）。

よって、必要なときには、教科書以外の教材を差し込んだり教科書に掲載されている教材を変更したりすることができます。

そのように、私たちに与えられている権利を「裁量権」と言います。裁量権とは「ここまでは選択して決定してもいいですよ」という権利のことを言い、裁量権を主体的に活用することは、主体的な姿勢をもって仕事に取り組むことであり、とても大切なことです。

では、教科書を活用して、どのように裁量権を発揮しながら授業をデザインしていけばいいのでしょうか。また、教科書の内容を思い切って変更するには、ど

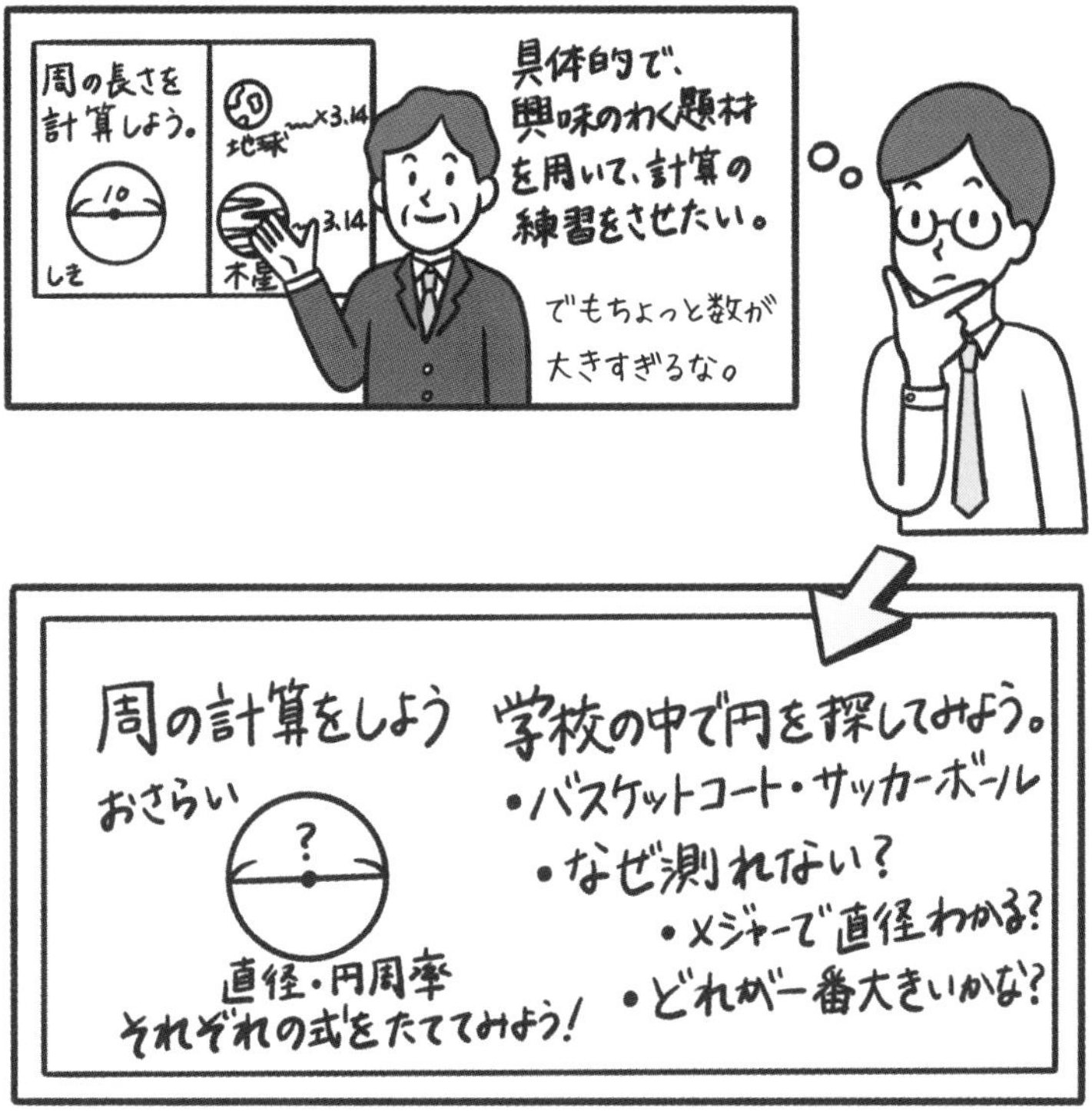

のような考えをもてばいいのでしょうか。

　そのためには、

教科書をつくった人になって考える

ということです。たとえば、『国語4年下』（光村図書「はばたき」令和2年度）には、「もしものときにそなえよう」という教材が掲載されています。ここでの指導事項は「調査しまとめること」「まとめたものを発表すること」が、国語科としてのメインであり、決して防災を学ぶことがメインではありません（防災を軽んじているわけではなく）。

　よって、防災ではなく、別の教材に差し替わっても、調査・まとめる・発表という要素をきちんと満たしていれば、問題ないと、作成者は思っていることでしょう。

　このように「もし教科書をつくる人だったら」という思考で考えてみるのです。

学びの責任モデルにあてはめてみる

VS
わかりやすい！
「子どもに任せる」
「先生が教える」
を対立させない。
NG

私がとても大切にしている学習の考え方があります。

『「学びの責任」は誰にあるのか：「責任の移行モデル」で授業が変わる』（ダグラス・ナンシー他　2017　新評論）という本があります。

学びの責任移行モデルとは何かというと、学びの責任を教師からだんだんと学習者である子どもに委ねていく学習というように記されています。

私は、このモデルを知ったことで、大きく学習観が変わりました。それまでは「先生がていねいな授業をする」という先生側の一方的な指導の在り方か、「この課題は子ども自身が取り組むのだから、子どもたちの力でさせればいいのだ」という子どもたちに完全に責任を任せる立場を取っていました。

「先生」か「子ども」か。その二項対立的な考えしかもっていなかった私に「責任移行モデル」は考えの転換を図る大きなきっかけを与えてくれました。

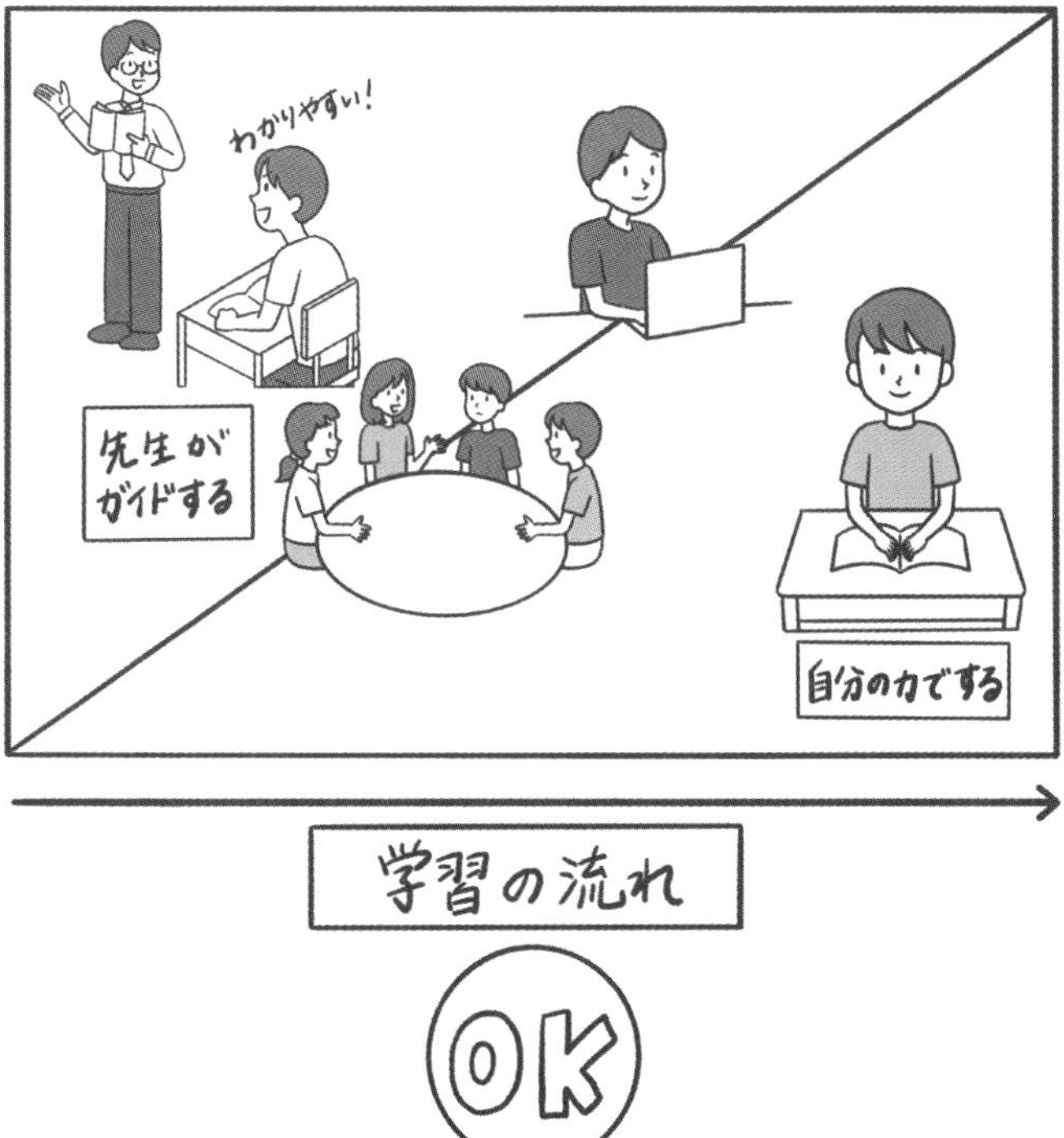

「子どもたちに自主的に学ばせたい」と思っても、いきなりすべてを任せるのではなく、徐々に学びの責任を移行していく、という考えを私にもたらせてくれました。

　そのような考えをもとにすると、教科書の扱い方が、1年のうちに、または子どもたちの実態によって変わってくるということがわかります。

　授業の導入段階、1年のうちの初期のころ、または、発達段階が未熟である低学年では、教科書を教師が扱うなど、学びの責任が先生に大きくあると言えるでしょう。

　しかし、授業の後半、1年の後半、高学年になるにつれて教科書を子どもたちが自ら読んで学ぶなど、「子どもたちへ学びの責任を移行」していくのです。

経験カリキュラムとしての活用

教科カリキュラム
影響
小学校
国語
算数
理科
社会
月 火 水 木 金
1 国 数 英 美 社
2 社 国 数 英 美
3 理 社 音 数 国
4 数 体 体 社 理
5 体 国 理 体 音
6 音 理 国 国 体
教科カリキュラムは、計画的に実施される

みなさんは「カリキュラム」という言葉を聞いたことがあるかと思います。

では、実際に「カリキュラム」という考えを授業に活かすことができているでしょうか。

「カリキュラム」は、たとえば、次のように定義づけられます。

教育目標のために組み立てられた学習内容

学習指導要領では、それぞれの教科でどんなことを学ぶのかという目標が記されています。それを実現するために、たとえば、教科書があり、教材を触媒として学んでいきます。

また、カリキュラムにはいくつかの種類があります。今回は、そのうち「教科カリキュラム」と「経験カリキュラム」を取り上げて考えます。

私たちが日常的な考えとして使用しているのが「教科カリキュラム」です。学習内容を教科ごとに分け、目標を達成す

経験カリキュラム
月 火 水 木 金
1 国 数 英 美 社
2 社 国 数 英 美
3 理 社 音 数 国
4 数 体 体 社 理
5 体 国 理 体 音
6 音 理 国 国 体
子どもの学習(経験)
何を学んだのかを分析
小学校
国語
算数
理科
社会

るために、教材を配列し、実施していきます。

　このカリキュラムの精度をより高めるために「毎授業のねらい」が必要となります。教科カリキュラムは、教科が実施されたと同時に目標を達成することが前提につくられているので、それをクリアしているかどうかがポイントとなるのです。

　一方、「経験カリキュラム」は、子どもたちの経験を大切にしています。子どもたちの経験が、どのような学びをもたらしているのかを、後から分析することで、達成度を見るカリキュラムです。このような考えに立つことで、より主体的な学びを子どもたちに託すことができます。

　ぜひ、授業では、2つの考えをうまく使い分けてほしいと思います。

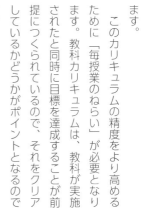

第3章

教科書活用で生み出すこれからの日常授業

『教科書研究』を読み解く

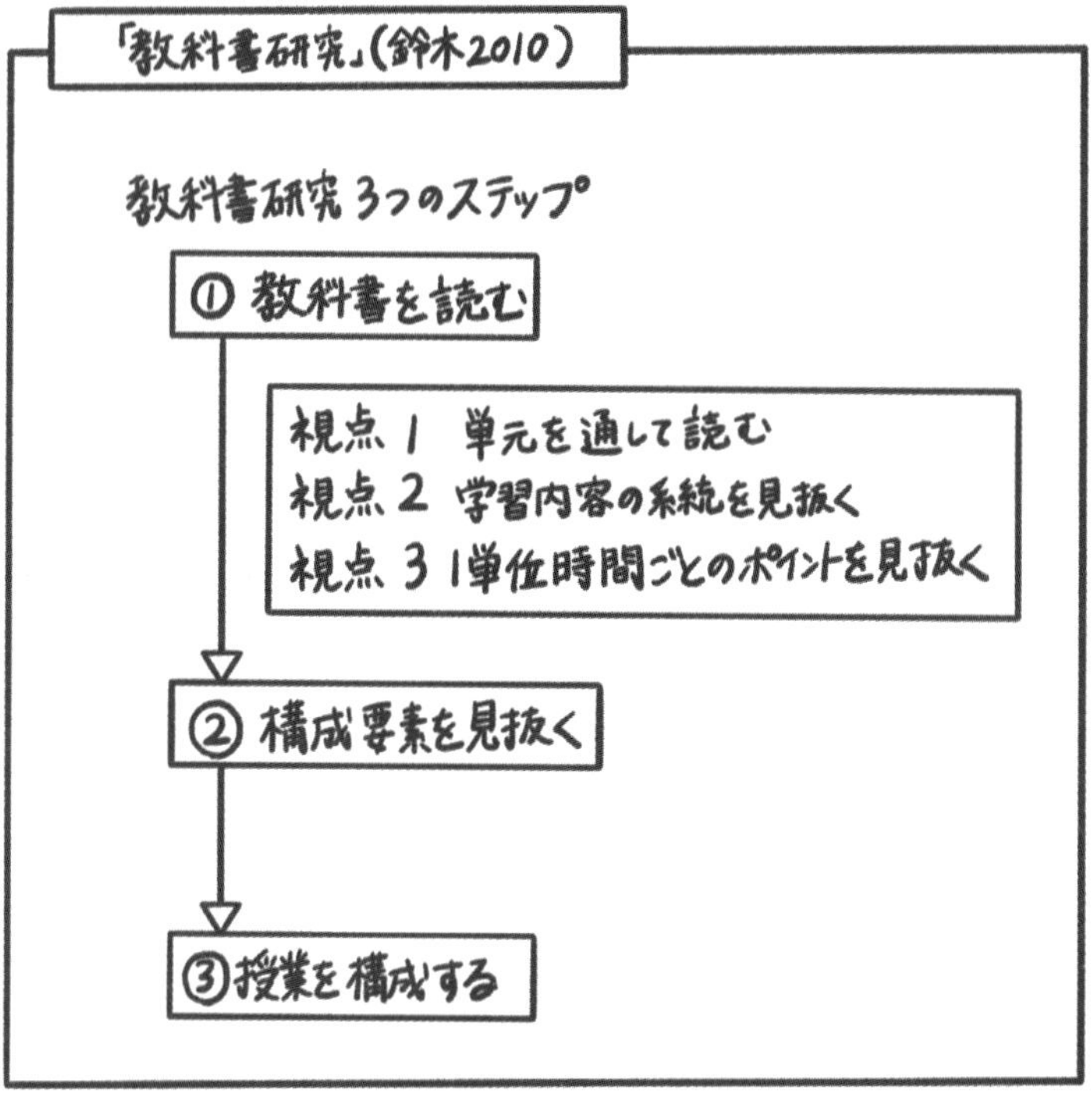

「教科書研究」（鈴木2010）
教科書研究3つのステップ
① 教科書を読む
視点1 単元を通して読む
視点2 学習内容の系統を見抜く
視点3 1単位時間ごとのポイントを見抜く
② 構成要素を見抜く
③ 授業を構成する

私の「教科書研究」との出会いは、『教師力を高める―授業づくりの基礎となる20の視点』（鈴木　2010）という一冊の本でした。その中で「教科書研究」が紹介されており、次のようなことが書かれています。

> 大まかに言って、教科書を研究するステップには次の3つがある。
> ① 教科書を読む。
> ② 構成要素を見抜く。
> ③ 授業を構成する。
> 意外とできていないのが、「教科書を読む」ということである。「教科書を読む」にも、3つの視点がある。
> 視点1　単元を通して読む。
> 視点2　学習内容の系統性を見抜く。
> 視点3　1単位時間ごとのポイントを見抜く。

鈴木先生の著書で画期的だと思うのは、「教科書研究」というと、それまでは「教科書とは何か」であったり「教科書の歴

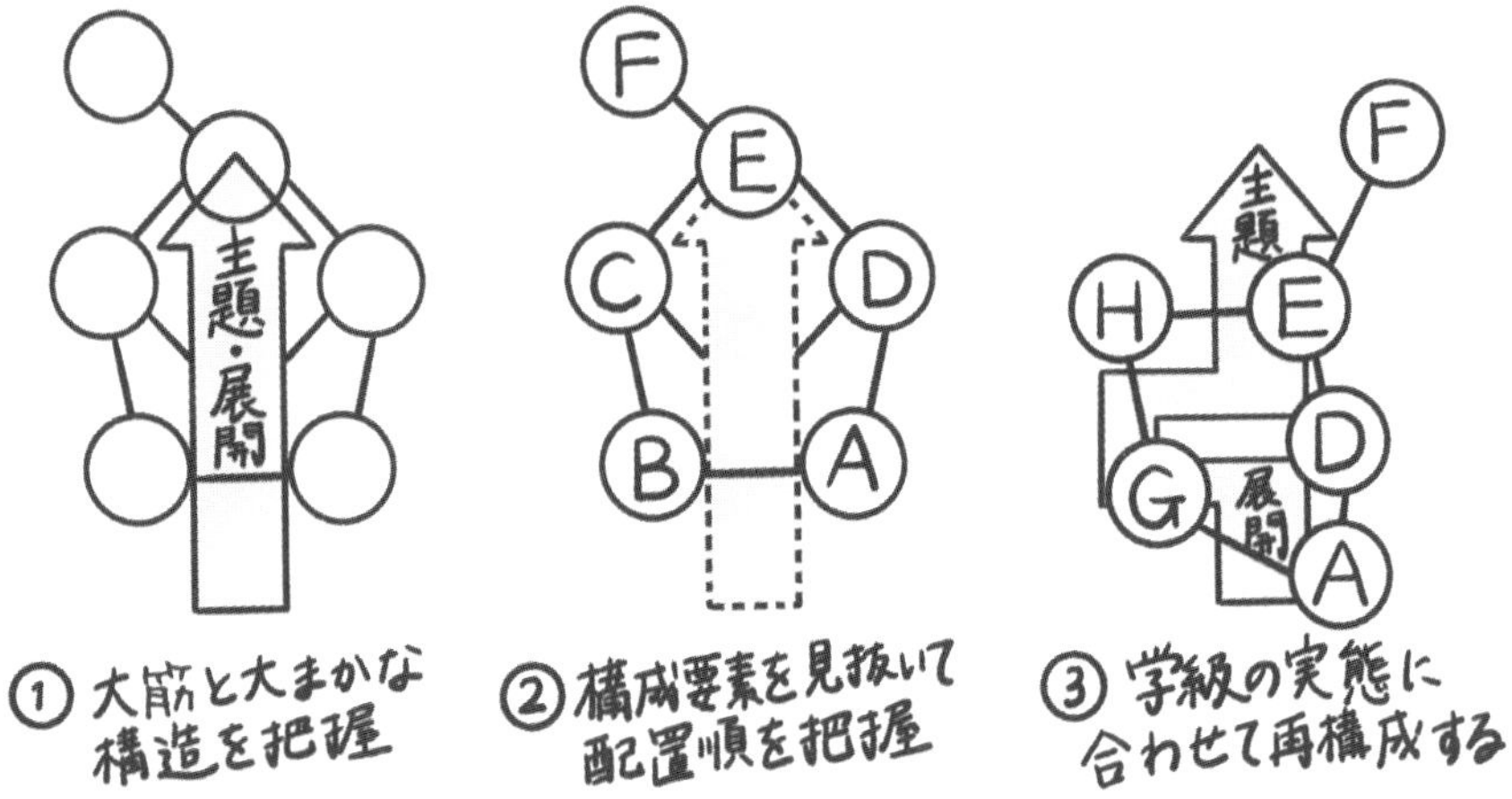
主題・展開
①大筋と大まかな構造を把握
F
E
C
D
B
A
②構成要素を見抜いて配置順を把握
F
主題
H
E
D
G
展開
A
③学級の実態に合わせて再構成する

史」であったり「海外との教科書の比較」であったりしてきましたが、現場に合わせた、現場の教員が授業内で活用することができるという点があったことです。鈴木先生の提案により、私は、日常的にうまく教科書を活用することができるようになりましたし、日々の授業の質を向上させることができました。

さらに、私が、資質能力を高めるという視点に立った授業づくりで欠かせないと思うのが「構成要素を見抜く」という視点です。この視点があるかないかで、教科書の見え方は大きく変わってきます。

教科書と資質能力を高める学習活動をどう組み合わせるかが重要です。私は、鈴木先生の「教科書研究」を受け、「教科書活用」と名付けました。

学習活動をどのようにして組み合わせ、教科書を活用して資質能力を高めていくのか、次のページから具体的に語っていきます。

パーツに分ける

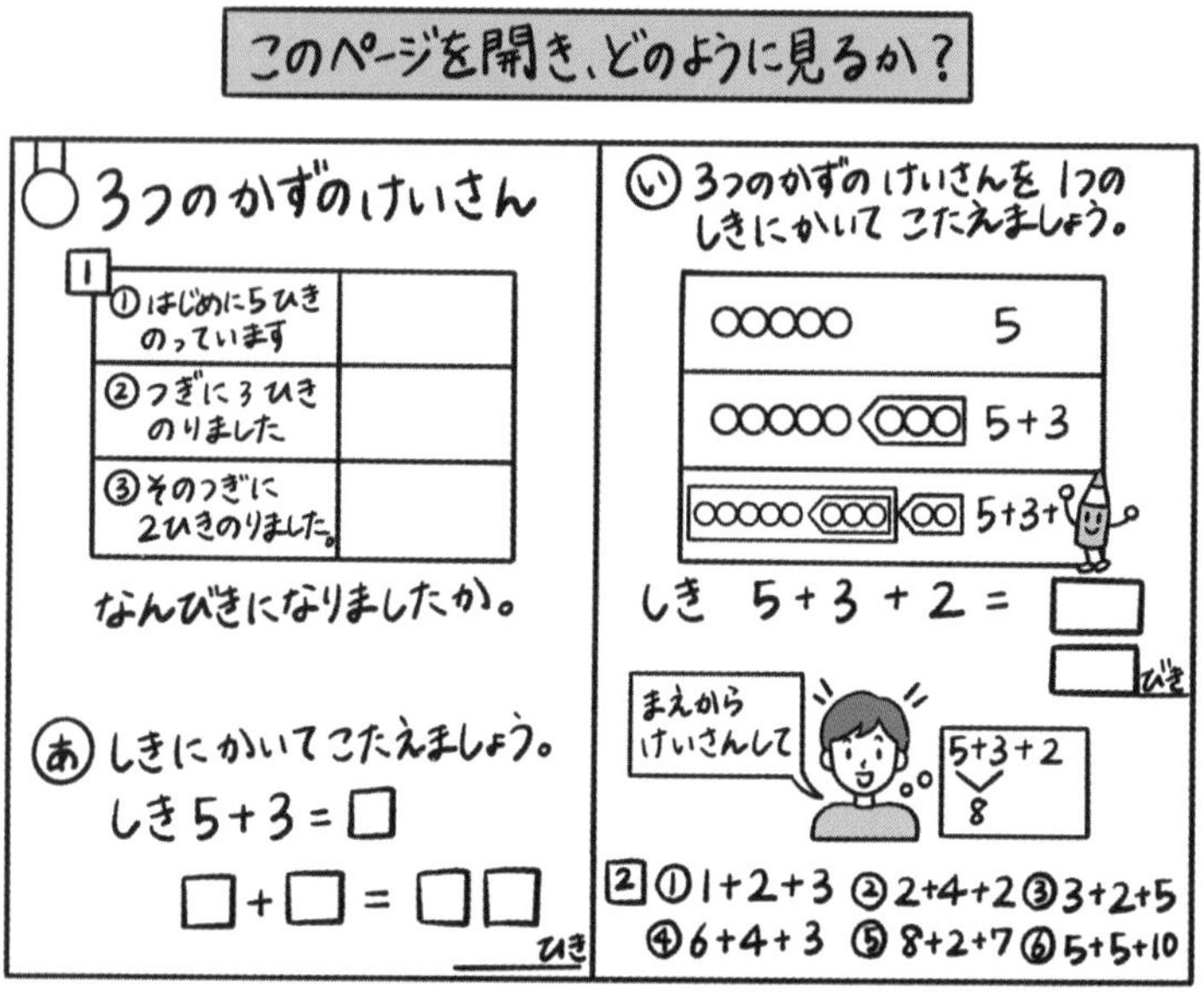

上記はある1年生の算数科の教科書です。

みなさんは、この教科書のページを見て、まずはどのようなことを考えるでしょうか。「イラストを見る」「式を見る」「練習問題を見る」それぞれの先生によって、着目する箇所はちがうかもしれません。

では、私はどうか？　私は、前ページで紹介した

パーツ（構成要素）に分ける

という作業をまずは行います。この「パーツに分ける」という作業をすることによって、何となくでしか見ていない教科書のページを、一気に分析的に深く見ることができるようになります。

では、実際にパーツごとに分けてみましょう。「このパーツとこのパーツは同じなのか」という疑問も生まれるかもしれませんが、まずは、分けてみることをおすすめします。

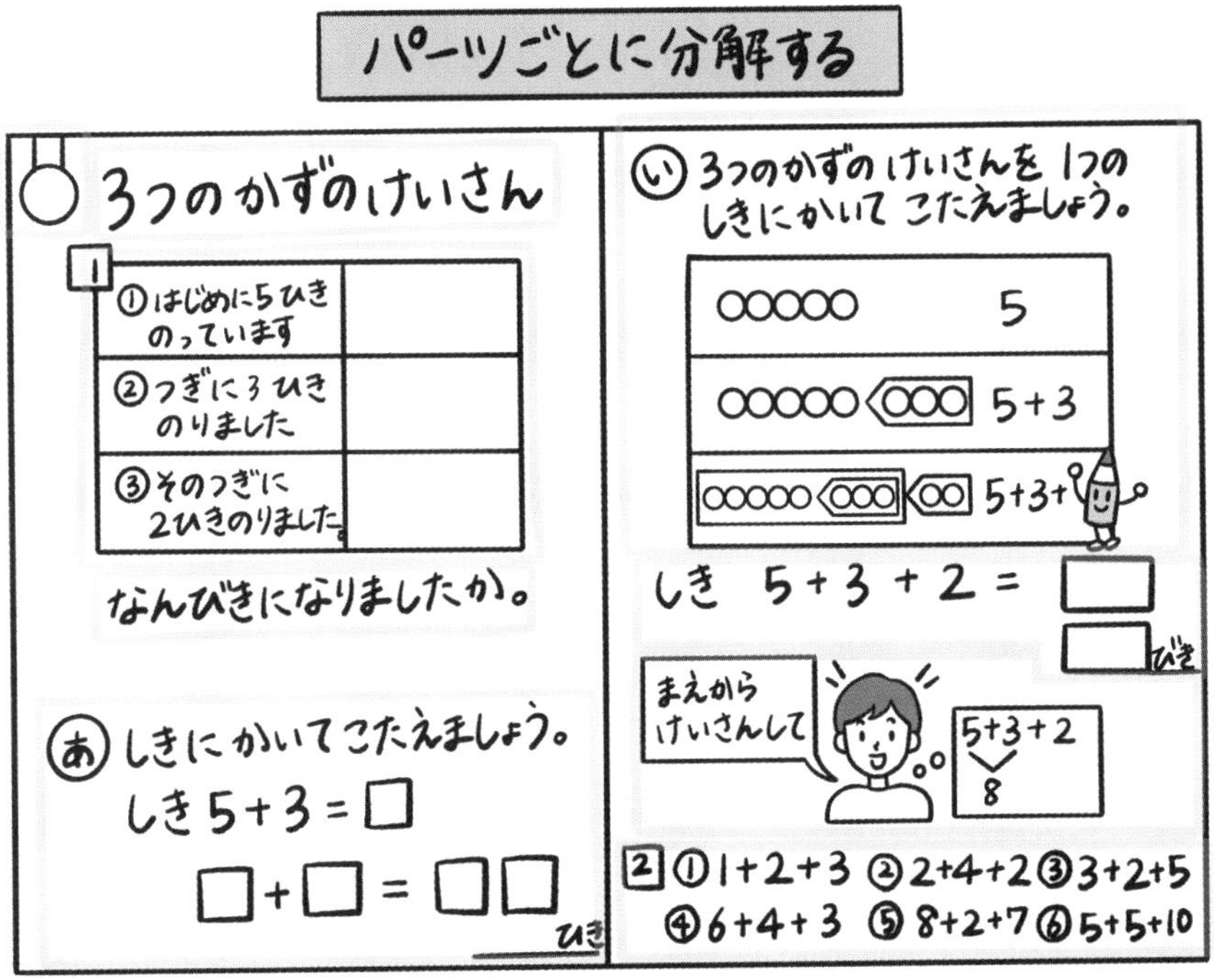
パーツごとに分解する
3つのかずのけいさん
1
①はじめに5ひき のっています
②つぎに3ひき のりました
③そのつぎに 2ひきのりました。
なんびきになりましたか。
あ しきにかいてこたえましょう。
しき5+3=□
□+□=□□
ひき
い 3つのかずのけいさんを1つの しきにかいてこたえましょう。
5
5+3
5+3+
しき 5+3+2=□
ひき
まえから けいさんして
5+3+2
8
2 ①1+2+3 ②2+4+2 ③3+2+5 ④6+4+3 ⑤8+2+7 ⑥5+5+10

私が分けるとするなら、

・タイトル
・問題場面
・問題文
・あ問題
・い問題
・キャラクター
・練習問題

大きくこのように分けることができます。

このように分けることによって、「それぞれはどのような役割を果たしているのか」「それぞれをさらに分けるとどうなるのか」といった視点が生まれてきます。

これが「教科書を読む」ということなのです。ただ、眺めているだけでは、残念ながら、教科書を深く読むことはできません。まずは「パーツ分け」が自然にできるようになりましょう。

タイトルにツッコミを入れてみる

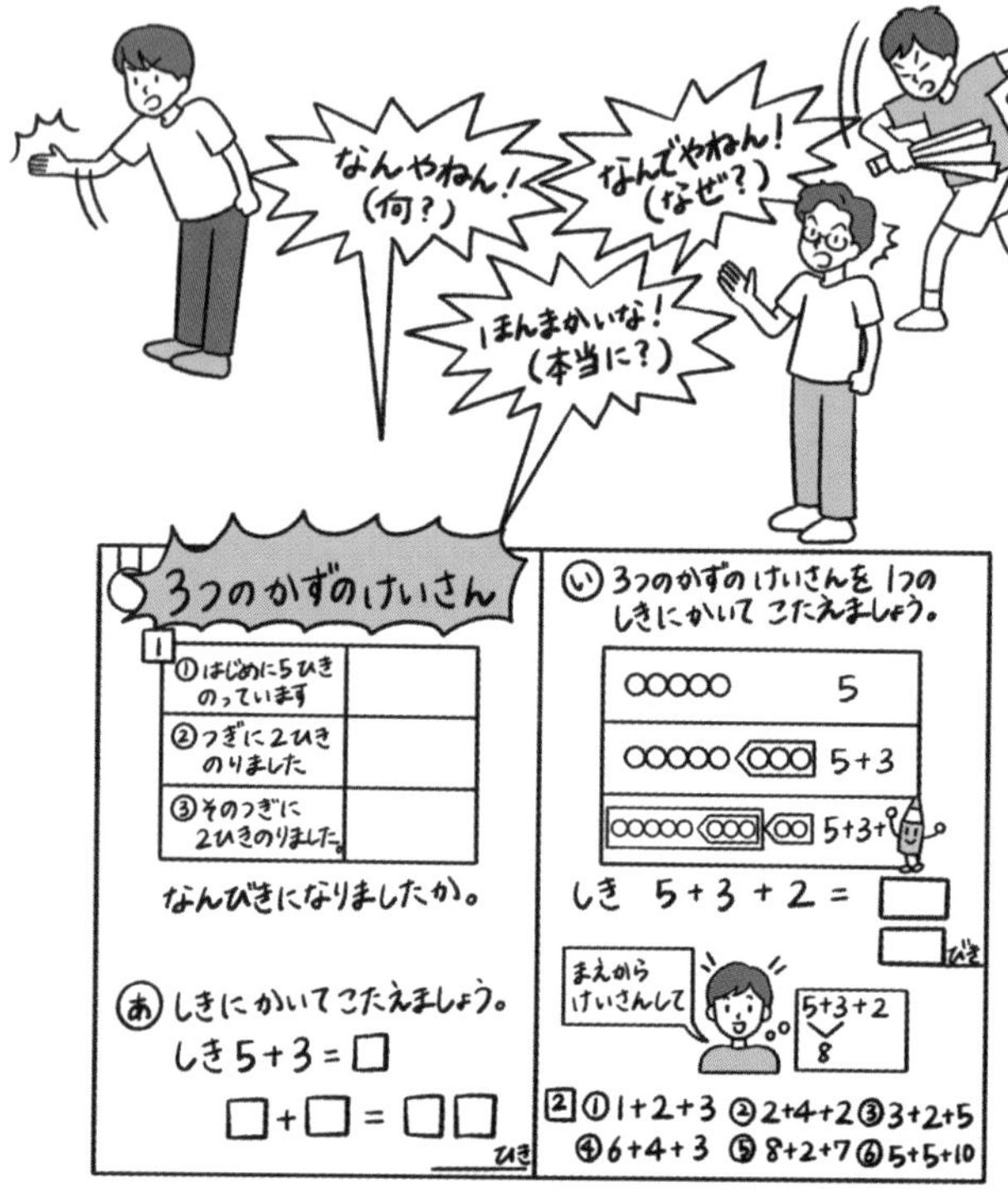

教科書をパーツに分けることで、教科書に対する見方が変わったことを実感してもらえたことと思います。

ただ、「教科書を読む」とは、ただパーツに分けるだけではありません。

それぞれのパーツにツッコミを入れる

それぞれのパーツごとを関連づける

という作業が必要です。この作業をすることによって、はじめて「パーツに分ける」という作業の効果が発揮します。

では、実際に、それぞれをやってみると、「タイトルにツッコミを入れる」（ツッコミ法）ということをやってみましょう。

ツッコミの入れ方はP.40で紹介した、

・なんでやねん（why?　なぜ?）
・何やねん（so what?　それは、何?）
・ほんまかいな（true?　本当に?）

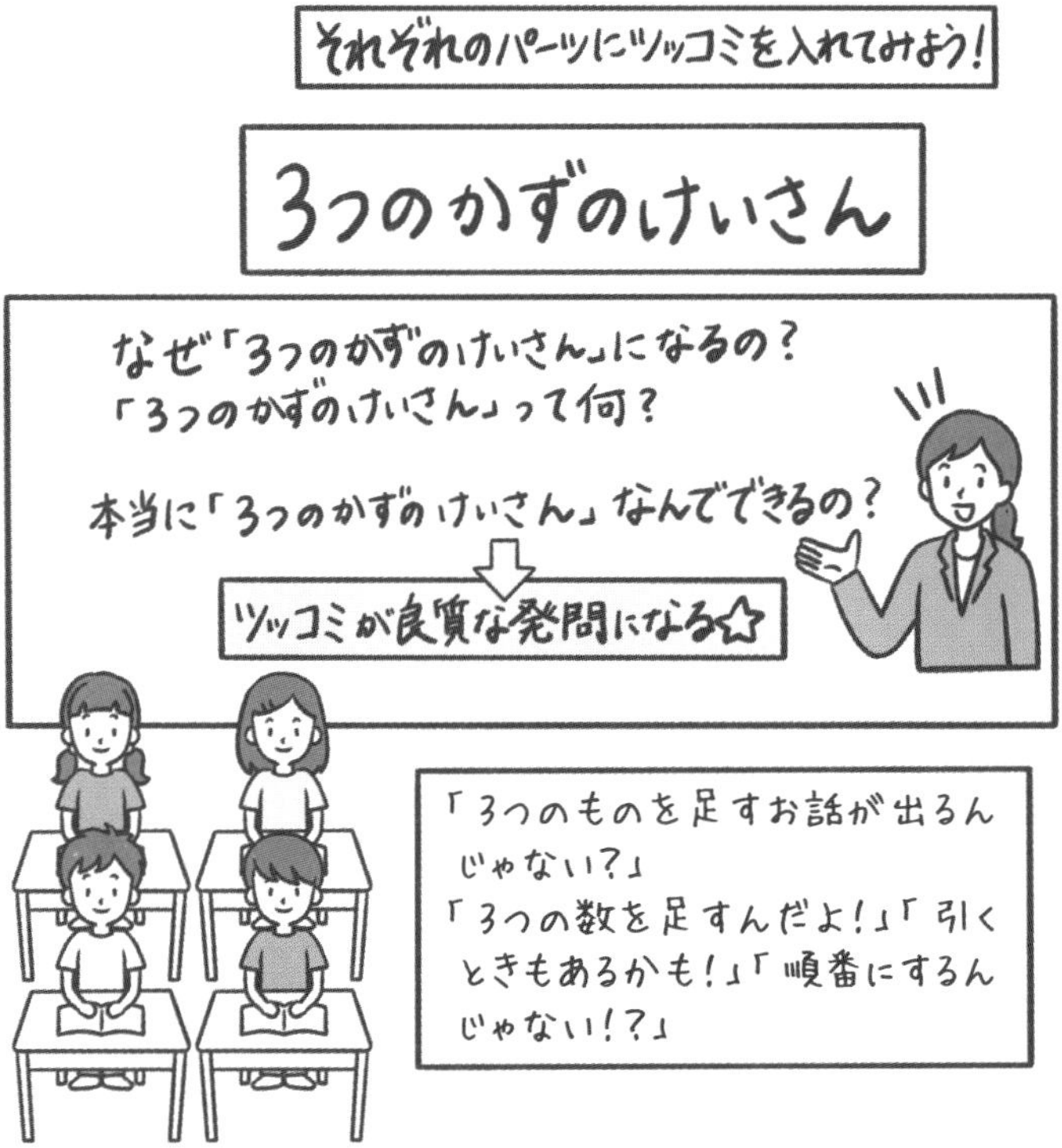
それぞれのパーツにツッコミを入れてみよう!

3つのかずのけいさん
なぜ「3つのかずのけいさん」になるの?

「3つのかずのけいさん」って何?

本当に「3つのかずのけいさん」なんてできるの?

ツッコミが良質な発問になる☆

「3つのものを足すお話が出るんじゃない?」

「3つの数を足すんだよ!」「引くときもあるかも!」「順番にするんじゃない!?」


これらのツッコミを先ほどのタイトルにしてみましょう。

「3つの　かずの　けいさん」

・なぜ、3つのかずのけいさんになるの?

・3つのかずのけいさんって何だろう?

・本当に3つのかずのけいさんなんてできるの?

どれも、そのまま子どもたちに聞いてみたくなります。そのまま発問になりそうですね。この発問により、学習の見通しももつことができます。

まずはタイトルからツッコミを入れてみてください。

問題場面にツッコミを入れる

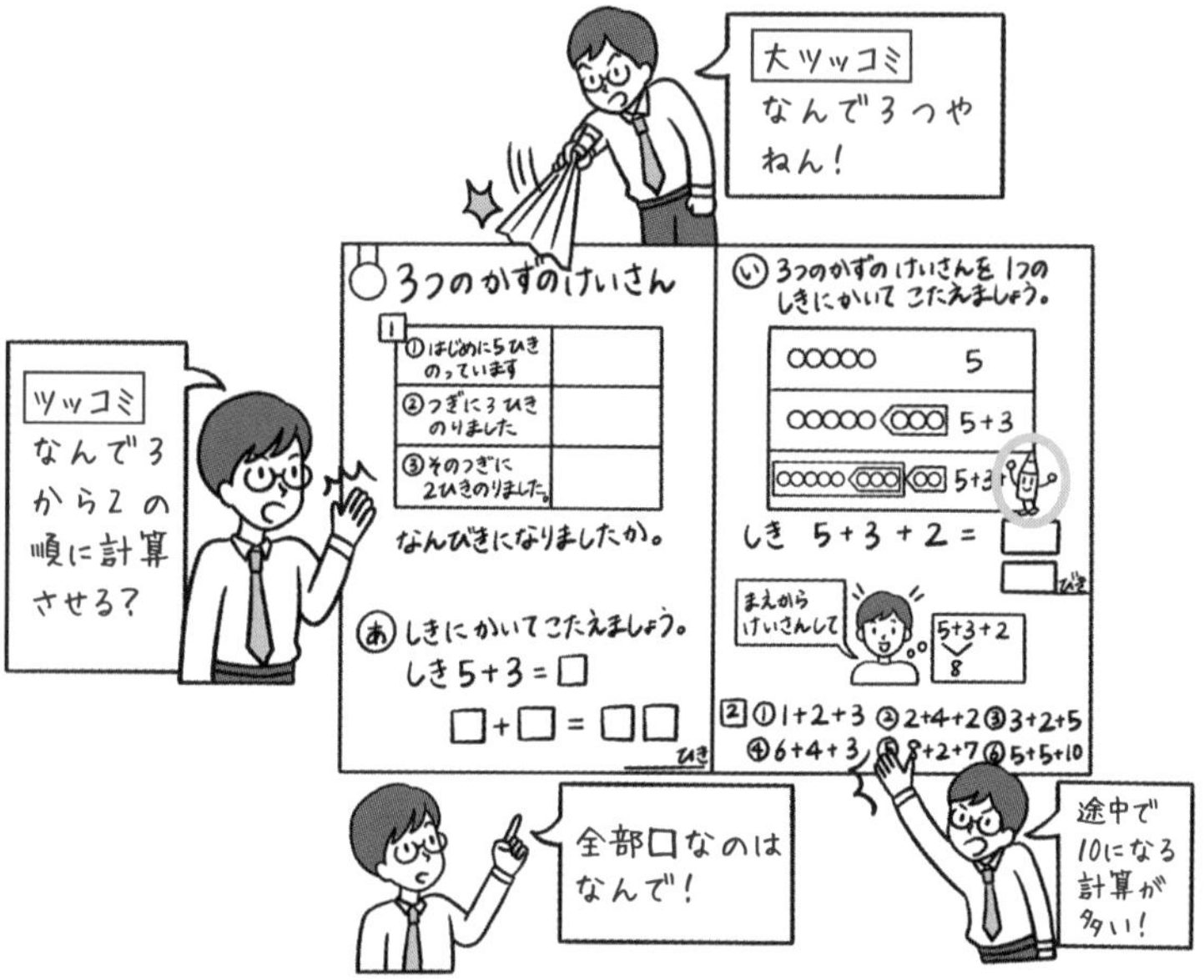

大ツッコミ
なんで3つやねん！
ツッコミ
なんで3から2の順に計算させる？
3つのかずのけいさん
1
①はじめに5ひきのっています
②つぎに3びきのりました
③そのつぎに2ひきのりました。
なんびきになりましたか。
あ しきにかいてこたえましょう。
しき5＋3＝□
□＋□＝□□
ひき
い 3つのかずのけいさんを1つのしきにかいてこたえましょう。
5
5＋3
しき 5＋3＋2＝□
まえからけいさんして
5＋3＋2
8
2 ①1＋2＋3 ②2＋4＋2 ③3＋2＋5
④6＋4＋3 ⑤8＋2＋7 ⑥5＋5＋10
全部□なのはなんで！
途中で10になる計算が多い！

今回紹介している教科は算数科ですが、基本的には、どの教科も同じです。タイトルに注目することで、同じような効果を導入段階で得ることができます。

では、タイトルにツッコミを入れて子どもたちに興味関心をもたせたりした後には、どうすればよいでしょうか。子どもたちの興味関心が高まったところで、本時の学習内容のメインに入っていきます。

ここでは、教科書の問題場面に、いろいろとツッコミを入れてみましょう。

まず、問題場面をさらに細かなパーツに分けてみます。そうすると、いろいろなパーツに分けられることに気がつきます（上図参照）。

そして、それぞれにツッコミを入れてみます。ツッコミは「なぜ？」「何？」「本当に？」をもとにして、頭に浮かんだ問いをぶつけてみましょう。

今回の問題場面は、文章と図に分かれて提示されています。また、問題場面は

一つのかたまりになっておらず、[1][2]というようにナンバリングがされています。

みなさんは、この問題場面を見て、どこがおもしろいと感じましたか？

私は「イラストで切れていて正解の数がわからない」ということです。ここが隠されていることが、今回の大きなポイントでしょう。そして、「なんびきになりましたか」という文が付け加えられていることです。

子どもたちは「10匹だ！」とすぐに答えるでしょう。そこで「そうなんだ！」と受け止めてやりつつも「どうして？」「本当に？」「みんなに説明できる？」「おとなりさんに説明してみて」などと、ツッコミを子どもたちに入れていきます。

こうした指導が、教科書を通じて資質能力を高める場面となっていくのです。

展開場面のツッコミでポイントを押さえる

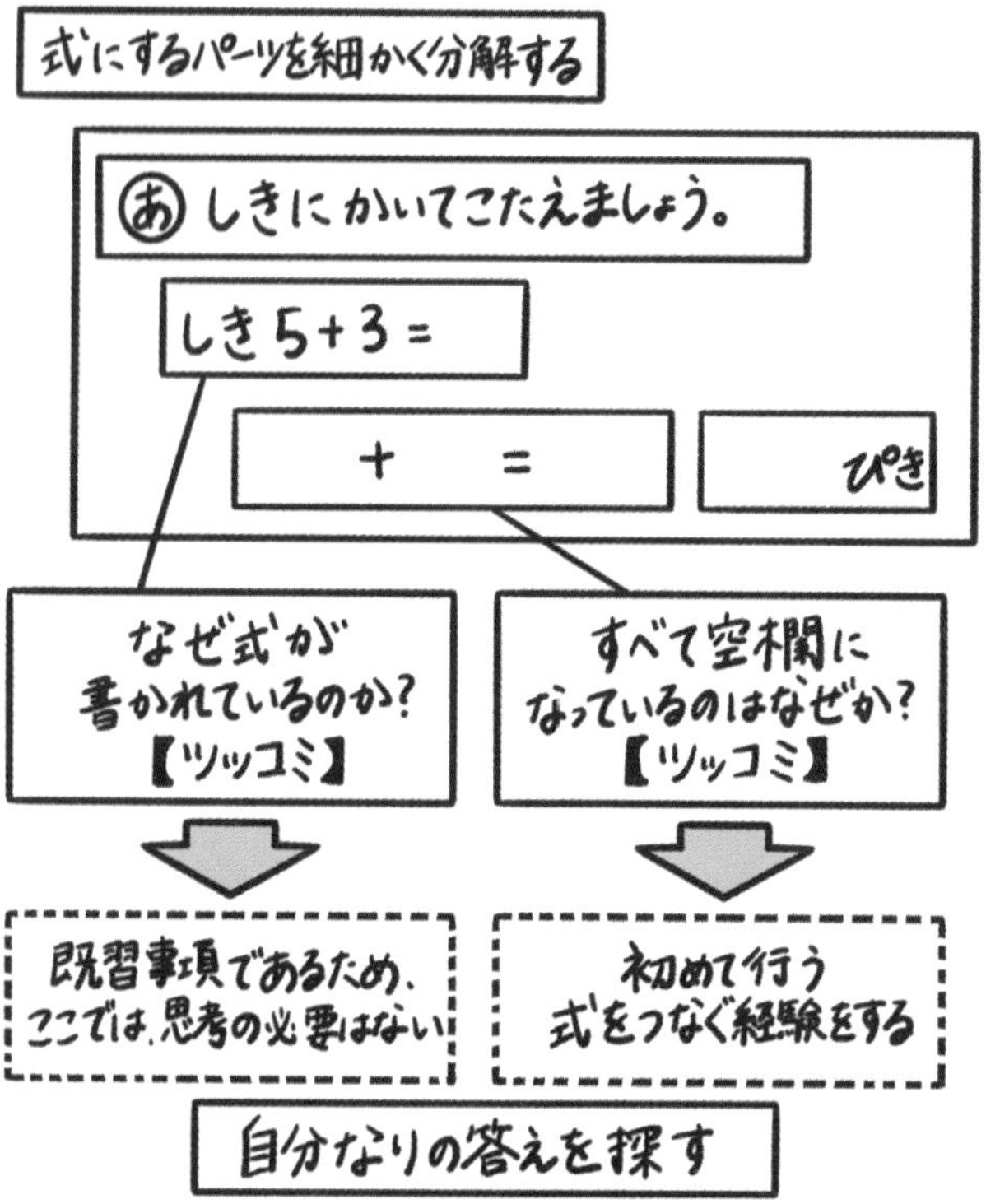

式にするパーツを細かく分解する
あ しきに かいて こたえましょう。
しき 5＋3＝
＋　＝
ぴき
なぜ式が書かれているのか？【ツッコミ】
すべて空欄になっているのはなぜか？【ツッコミ】
既習事項であるため、ここでは、思考の必要はない
初めて行う式をつなぐ経験をする
自分なりの答えを探す

パーツごとに教科書を分けると、見えてくることがあります。

そのパーツでは、どこまでを指導内容とするのか

ということです。たとえば、今回であれば、「問題場面」の次のパーツは「しきに かいて こたえましょう」というパーツです。

つまり、「『問題場面』のパーツでは『実際に式に書く』という場面までは踏み入らない」ことが見えてきます。

ということは、前ページの問題場面を扱う指導では「式を実際に書く」という活動につなぐためのパーツであることが見えてきます。

そして、この「式に書く」のパーツも、分解することで、様々なことが見えてきます。

まず、気になってくるのが「どうして『5＋3』はすでに書かれているのか」ということです。よく「教科書には答え

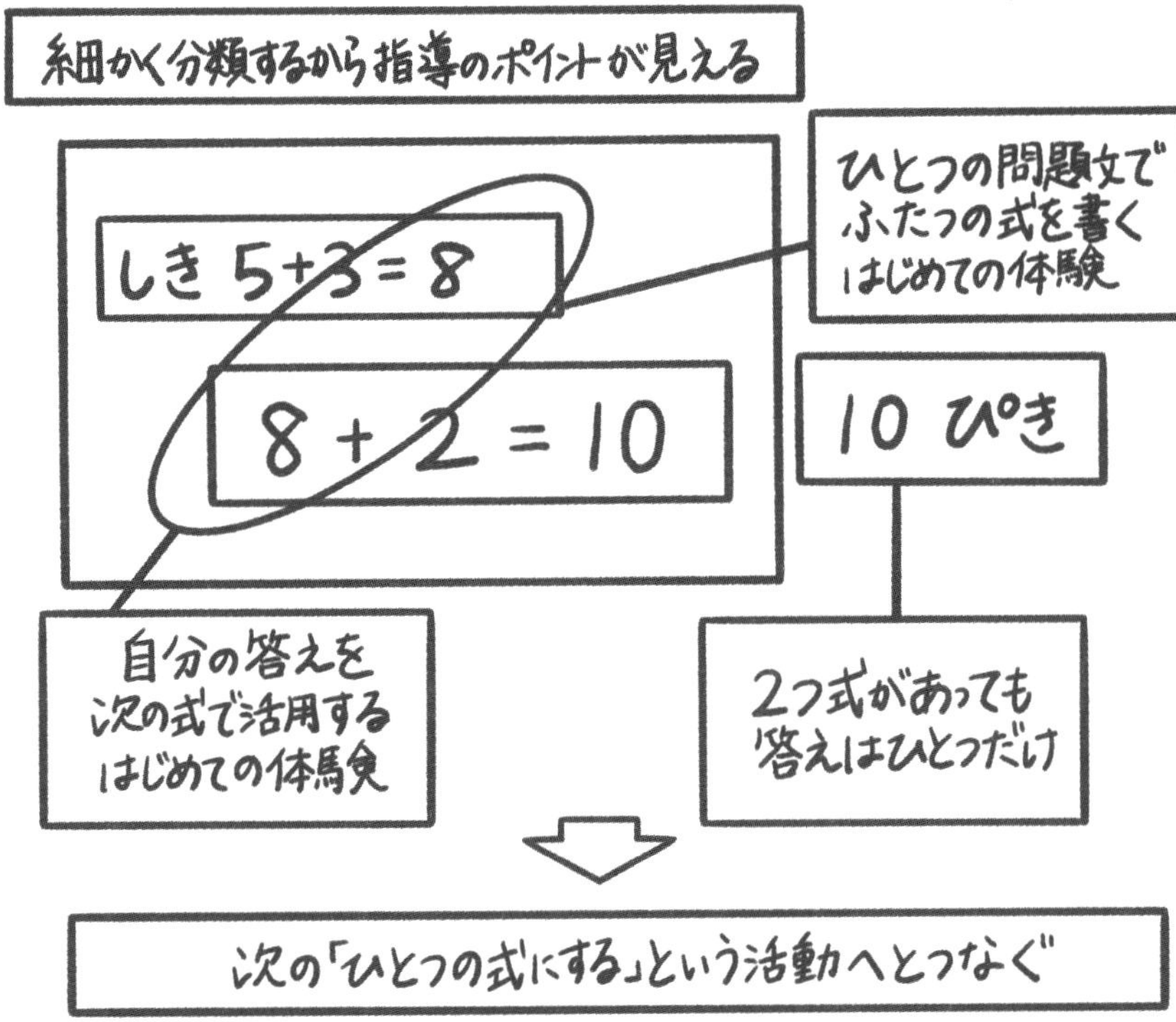
細かく分類するから指導のポイントが見える
しき 5+3=8
8 + 2 = 10
ひとつの問題文で
ふたつの式を書く
はじめての体験
10 ぴき
自分の答えを
次の式で活用する
はじめての体験
2つ式があっても
答えはひとつだけ
次の「ひとつの式にする」という活動へとつなぐ

が書いているから見せない」という先生と出会います。そのとらえは間違っています。正しくは「**教科書には必要なことが書かれている**」です。

なぜ「5＋3」は書かれているのでしょうか（正解等はなく、自分なりの考えをもつことが大切です）。

「5＋3」は既習事項であり、今回考えるべきところではありません。そこで、教科書では、先んじて記載していることで、今回、思考するべき箇所に集中できるように構成されている、と私は考えます。

そして、次の式はすべて空欄です。自分の出した答えを次の式に使う経験は子どもたちにとっては、はじめての経験となります。ていねいに扱いたいところです。そして、そもそもこの場面では、式が2つになっていること自体が大きなポイントでもあるのです。

教科書を見る見ないは子どもが判断

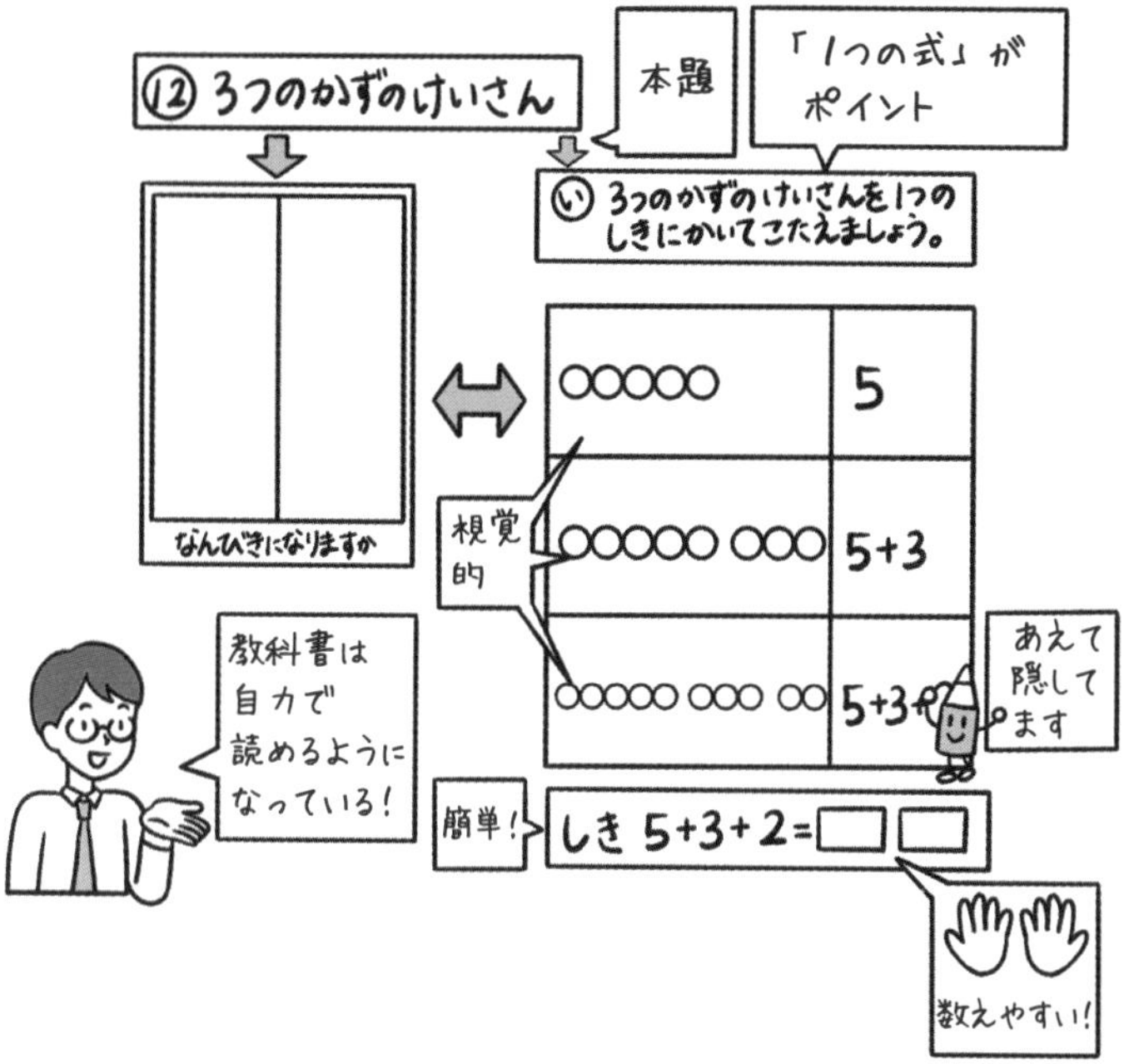

⑫ 3つのかずのけいさん
本題
「1つの式」がポイント
い 3つのかずのけいさんを1つのしきにかいてこたえましょう。
なんびきになりますか
5
5+3
5+3+
視覚的
あえて隠してます
教科書は自力で読めるようになっている！
簡単！
しき 5+3+2=
数えやすい！

本章で紹介している算数教科書のページでは、一番のメインどころとなるでしょう。

3つの数の計算を一つの式に表すという思考場面です。

ここでは、知識理解はもちろん、思考力・判断力・表現力の学習もしっかりと行いたいところです。

しかし、ここで困るのが「学力差」です。習いごとやもともと能力の高い子は、あっという間にブロックを操作して、式を解いてしまいます。一方で、算数に苦手意識を感じている子どもは、一人でいくら考えても自力解決には辿り着きません。

この差をどうすればいいのか。また、双方の子どもたちの満足度をどのようにして高めるのか、さらには、どの子にも思考させる時間をどのようにして生み出すのか、きっと多くの先生が頭を悩ませる場面でしょう。

私は、ここでは、次のようにしていま

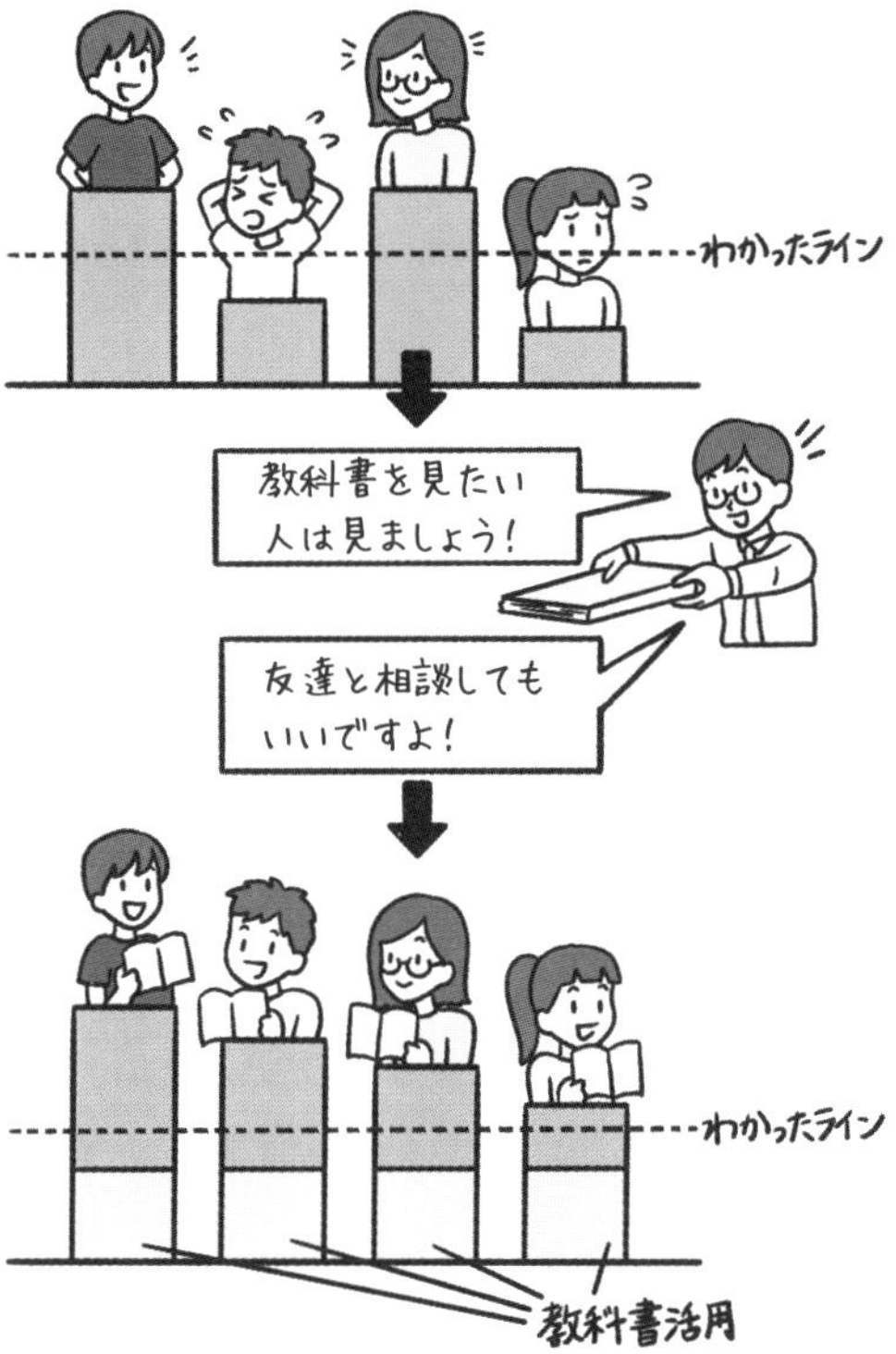

す。

まず、大切な視点は教科書は子どもでも自力で読めるものという前提です。また、

教科書は子どもが活用するもの

という前提も忘れてはいけないポイントです。

私は、「教科書を見たい人は見てもいいですよ。ただ、教科書を見ずに自分の力で解いてもかまいませんよ」という選択場面を与えるようにします。そして、必ず「個人で考える時間を5分ほど取る」ことを意識しています。その後、一人では解決できない子も学び合えるように、協働的な学習の時間を確保するのです。

ポイントを押さえて活用場面へ

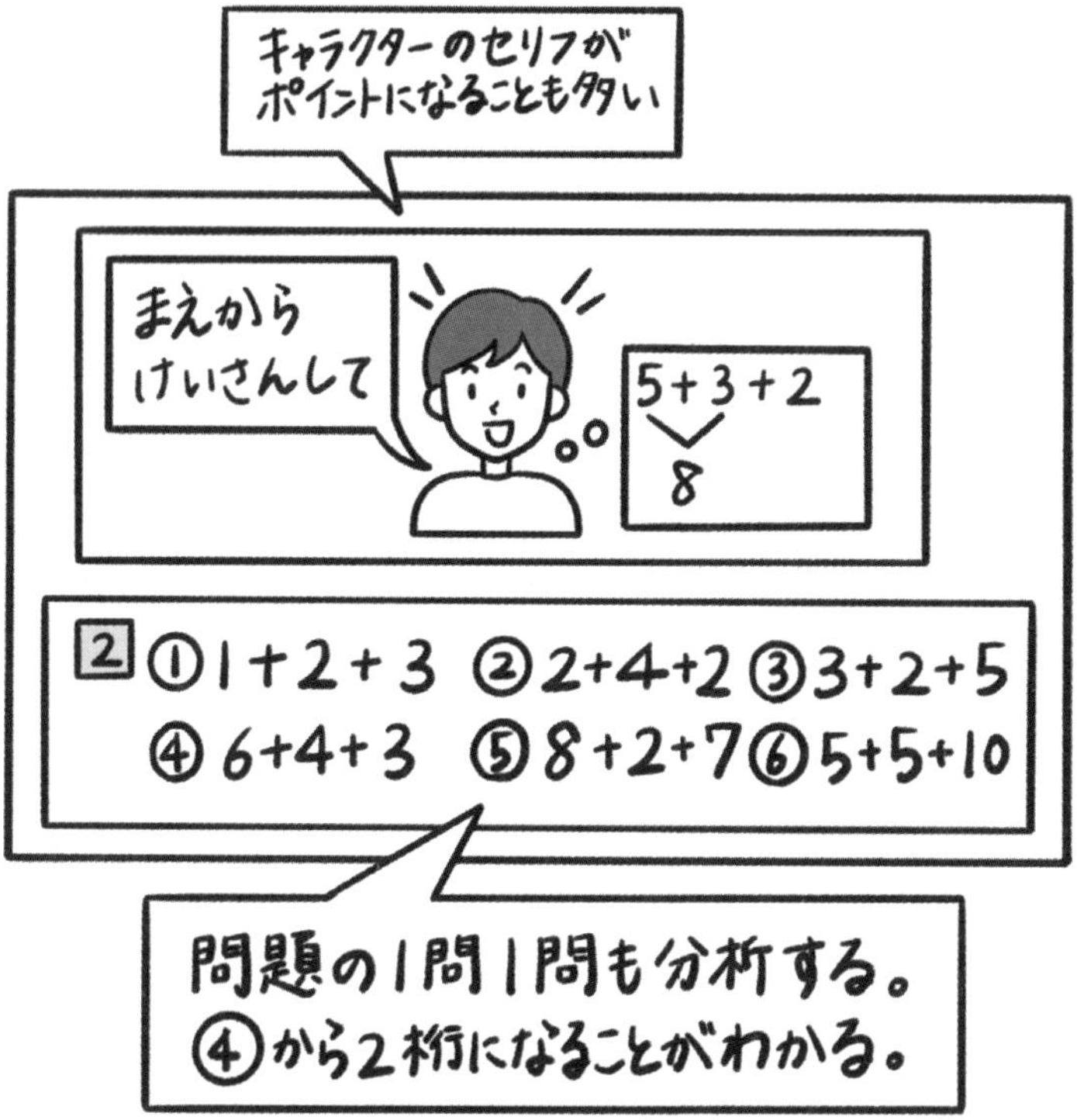
キャラクターのセリフがポイントになることも多い
まえからけいさんして
5+3+2
8
2 ①1+2+3 ②2+4+2 ③3+2+5
④6+4+3 ⑤8+2+7 ⑥5+5+10
問題の1問1問も分析する。
④から2桁になることがわかる。

展開場面で、十分に思考をした後には、いよいよ活用の場面です。

算数科では、練習問題を解くことが多く設定されていますが、どの教科においても、最後の指導場面が「活用」になっていることに変わりはありません。

1時間で考えると、1時間で学習してきたことを活用する場面ですし、一つの単元として考えるのであれば、第3次の指導場面は、一つの単元の学習の活用というとらえになります。

では、活用場面での指導で気をつけることとは何でしょうか。

それは、

ここまで学んできたことを言語化すること

と言えるでしょう。

たとえば、今回の教科書の範囲であれば、「だいちさん」が何かを言っています。こうした人を含めたキャラクターのセリフは重要なポイントを示しているの

で、注意深く見るようにしましょう。

もし、だいちさんのセリフを気にせずにそのまま先に進んでいったとしたら……。

「はい、やってみましょう」と、活用場面にそのまま子どもたちを飛び込ませてしまうことになります。

学習が得意な子どもはそれでもすいすいと進めることができますが、学習に対して苦手意識をもつ子や、能力がどうしてもついていかない子は、突然、活用場面に放り込まれても、なかなか自力で解決することは難しいでしょう。

そこで、「だいちさん」のセリフを活用します（もし、キャラクターのセリフがなかったとしても変わりません）。

「練習問題を解くときのポイントは何ですか。隣りの人と話しましょう」

こうした指示を入れます。これだけで、ポイントを意識して活用ができるのです。

学びの責任の流れをつかむ

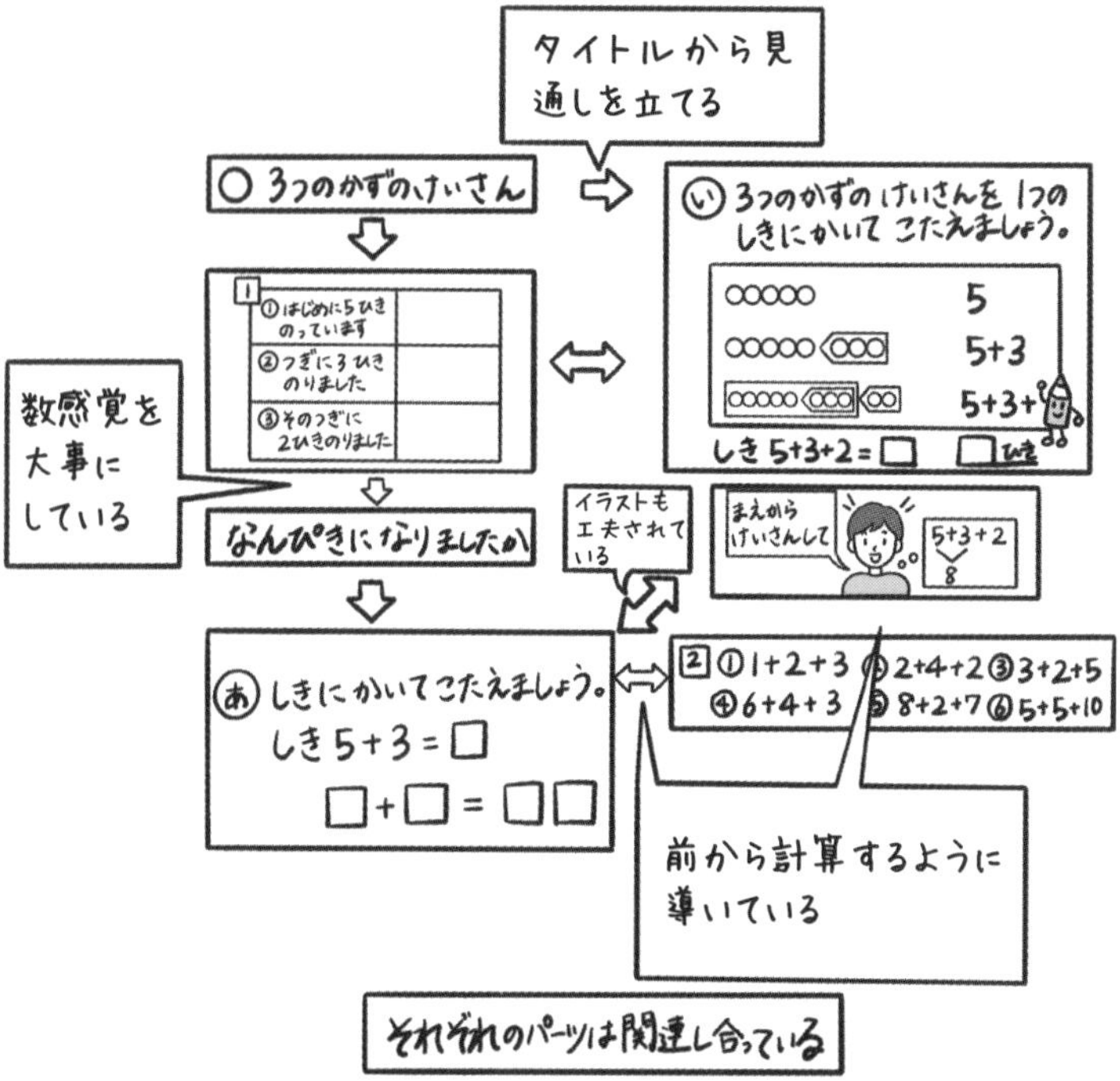

タイトルから見通しを立てる
○ 3つのかずのけいさん
1
①はじめに5ひきのっています
②つぎに3ひきのりました
③そのつぎに2ひきのりました
数感覚を大事にしている
なんびきになりましたか
あ しきにかいてこたえましょう。
しき 5+3=□
□+□=□□
い 3つのかずのけいさんを1つのしきにかいてこたえましょう。
5
5+3
5+3+
しき 5+3+2=□　□ひき
イラストも工夫されている
まえからけいさんして
5+3+2
8
2 ①1+2+3 ②2+4+2 ③3+2+5
④6+4+3 ⑤8+2+7 ⑥5+5+10
前から計算するように導いている
それぞれのパーツは関連し合っている

私は、教科書活用に「資質能力育成」「子どもたちの対話活動（コーチング）」を織り交ぜて実践しています。

すべてのパーツの要点を紹介してきましたが、最後に、次の2つを付け加えます。

- **それぞれのパーツの関連性を見抜くこと**
- **1時間の中で移行する「子どもの学びの責任」をつかむこと**

の2点です。

まず「それぞれのパーツの関連性を見抜くこと」とは何かをみていきましょう。

それぞれのパーツは独立しているものではありますが、当然、それぞれのパーツは関連し合っています。たとえば、「3つのかずのけいさん」というタイトルは、学習の見通しとなり、最後の練習問題まで関連しています。それぞれのつながりのイメージは、イラストを参考にしてください。

次に「1時間の中で移行する『子どもの学びの責任』をつかむこと」についてです。P.44に示したように、学びの責任移行モデルでは、授業開始から、授業の終わりまで、学びの責任が移行していることを示しています。

導入段階では、学びの責任が教師に、そして、授業の終盤では、子どもへと責任が移っていきます。

導入では、教師が子どもたちに好奇心をもたせたり学びのガイダンスをしたりします。それらを受けて、子どもたちは、自分や自分たちの力で身につけるべき力を身につけていきます。

最後には、子どもたちが一人でも学びに向かえるようになることを目指します。このような流れをつかんでおきましょう。

第4章

教科書を使った超具体的実践例　国語編

国語教科書は扉と手引きを読む！

みなさんは、国語の教材研究をするときに、何を見るようにしていますか。次のうち、最も当てはまるものを選んでみてください。

・赤刷り教科書（指導書）
・インターネットなどで情報収集
・本文そのもの
・学習の手引き

赤刷りの教科書しか読んでいない人は、最も危険な人です。赤刷り教科書は、確かに便利なものではあります。しかし、一般性が強すぎる傾向があり、お勧めすることができません。赤刷り教科書は便利で、専門的な方が執筆をしておりますが、読む対象者が広すぎるなどの課題がありますので、注意が必要です。一つの参考資料として、活用するようにしましょう。

インターネットで掲載されている情報の多くは、実践されたものが多いので、

押さえたい焦点
学びとりたい本質
考えたい点
学んでおきたい知識
学習目標
本文
学習の手引き
扉のページ
ヒント
学習にあたっての問題提起
教科書の扉のページと学習の手引きをまずはチェック
適切な授業づくりの基礎へ

その点では信頼できるものかもしれません。しかし、だれのチェックも受けないまま、投稿者の独りよがりで掲載されている場合もあります。独断的になっていないか気をつけましょう。

私が、国語の教科書で最もよく読んでほしい箇所は、

・扉のページ
・学習の手引き

です。もちろん、児童用教科書です。ここには、この教材で学ぶべきポイントが、端的に示されています。手引きで授業をつくることができるようになれば、国語の授業をより確かに、うんと楽しくすることができるようになります。

本文から読む人は、国語の専門性が高い人でしょう。このことを理解した上で、深い研究に挑戦してください。

国語の扉ページをフル活用

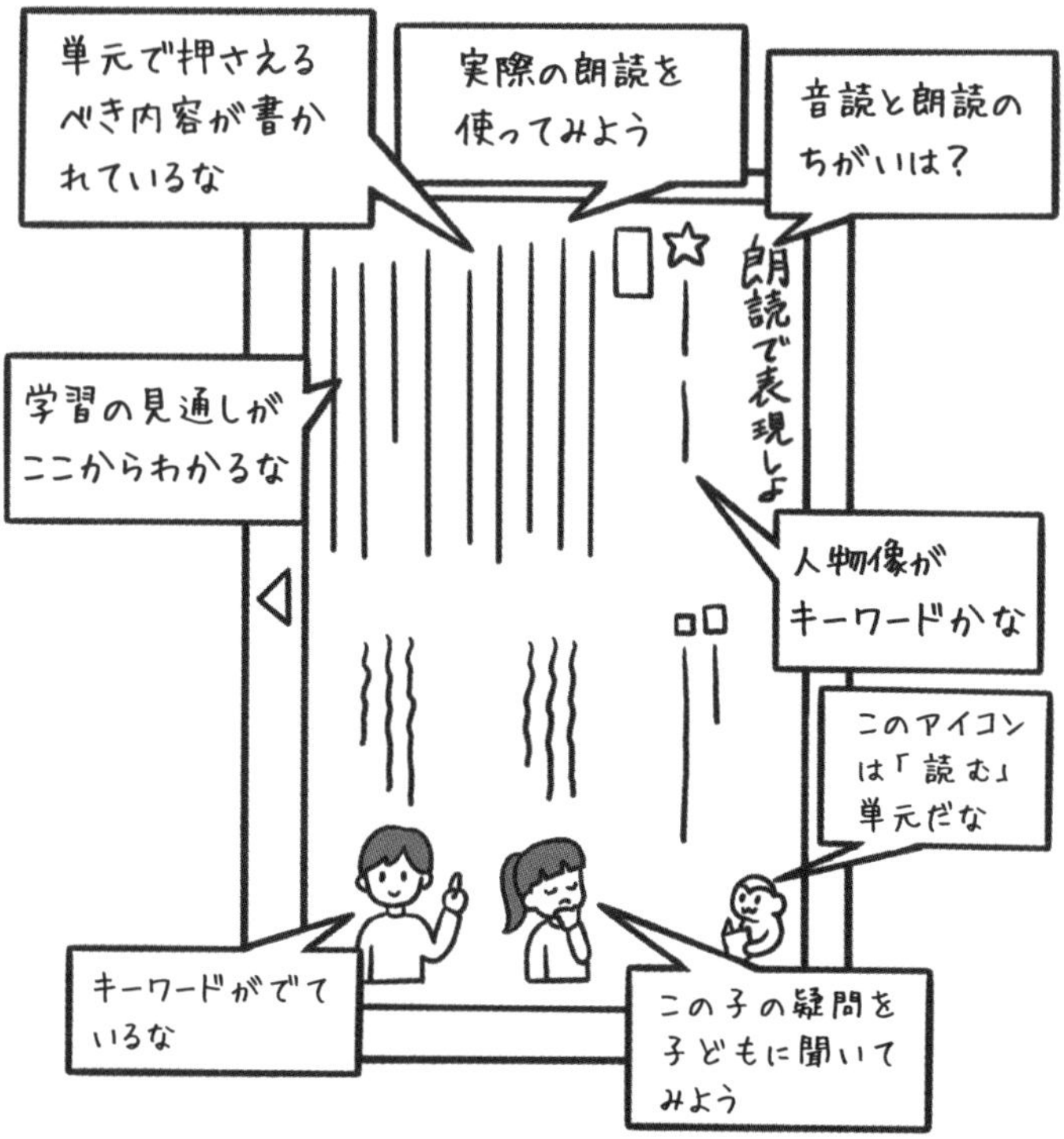
単元で押さえるべき内容が書かれているな
実際の朗読を使ってみよう
音読と朗読のちがいは？
朗読で表現しよ
学習の見通しがここからわかるな
人物像がキーワードかな
このアイコンは「読む」単元だな
キーワードがでているな
この子の疑問を子どもに聞いてみよう

他の教科も同様、国語の教科書にも、単元の扉のページが記されています。みなさんは、このページをどのように扱われているでしょうか。

私が若いころは、正直なところ「こんなページはいらない」と飛ばしてしまっていました。それでいて、どのように授業をすればいいのか見当もつかず、どうしようもなかったのが事実です。

しかし、教科書を扱った授業を研究するようになってから、この扉ページの役割の大切さに気がつきました。

この扉のページは、

- **興味関心をもたせる**
- **既習事項の確認をする**
- **学習の見通しをもたせる**

という大切な役割をもっていたのです。

では、どのようにして、この扉ページを見ればよいのでしょうか。いっしょに分析していきましょう。

右上のように、教科書に吹き出しをど

朗読とは何か知っていますか？
教科書に答えがあります。探してみましょう
「つかむ」というところにあります！
そうですね。よく見つけました！
朗読は、自分が思ったことや考えたことを聞き手に伝わるように読むことです
一緒に音読してみましょう
うまく伝えるにはどのような工夫がありますか？
実際に朗読を聞いてみましょう
抑揚があって、声の大きさや、間の取り方、速度がちがいます！　そして気持ちがこもっています！
「大造じいさんとガン」を上手に朗読できるように学習していきましょう。まず、自分の思いや考えをつくっていきます
それでは、「題名」から想像できることはなんですか？

んどんとつけていきます。吹き出しに書く内容はP.54で紹介した「ツッコミ法」です。

吹き出しを書いて、どんどんツッコミを入れていきましょう（自然に自分なりの答えが生まれてくるはずです）。

それから、授業の構成を考えましょう。

まずは、

- ツッコミを書いた付箋を1軍、2軍、3軍に分ける
- 1軍の付箋の扱う順番をつける
- 2軍の付箋を1軍に紐づける
- 3軍は（もしかすると扱うかも……）という予備軍にしておく

という感じです。

そうすれば、扉ページで授業を組み立てるのが難しいと感じても、知的な授業を組み立てることができます。扉ページをぜひ大切にしてください。

国語の授業づくりは手引き分析から

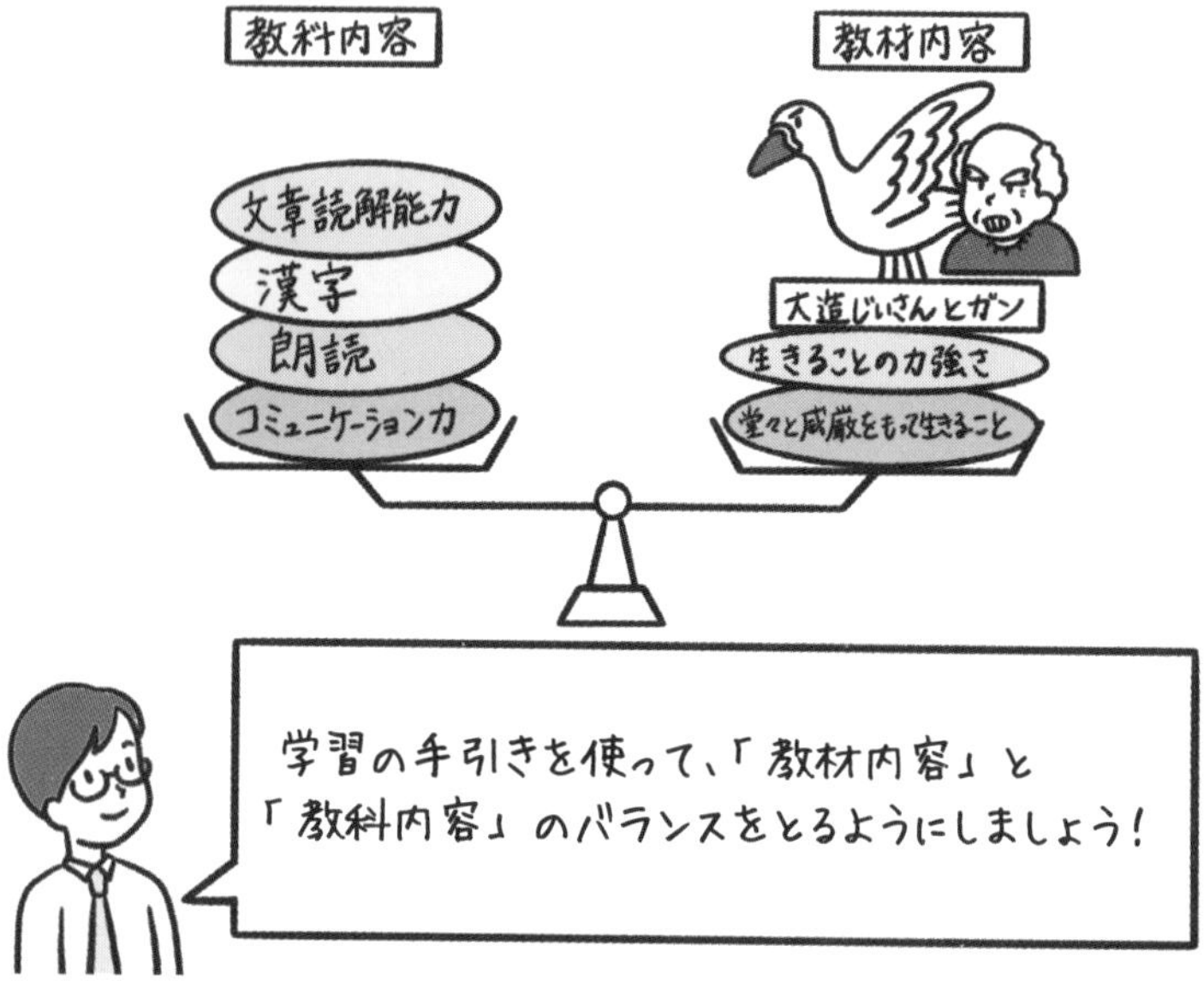

国語科の授業で、教科書をフル活用しようとするには、何に着目すればよいのでしょうか。

それは、

手引き

であると言えます。

国語科には

・教材内容
・教科内容

という2種類があると言われています。

今回紹介している学習では、

「大造じいさんとガン（教材内容）」を通して、「人物像とは何か（教科内容）」を考える

ということです。

つまり、「大造じいさんとガン」という教材だけを味わっても国語科としての学習にはならないということです。もちろん、教科内容（「人物像とは何か」な

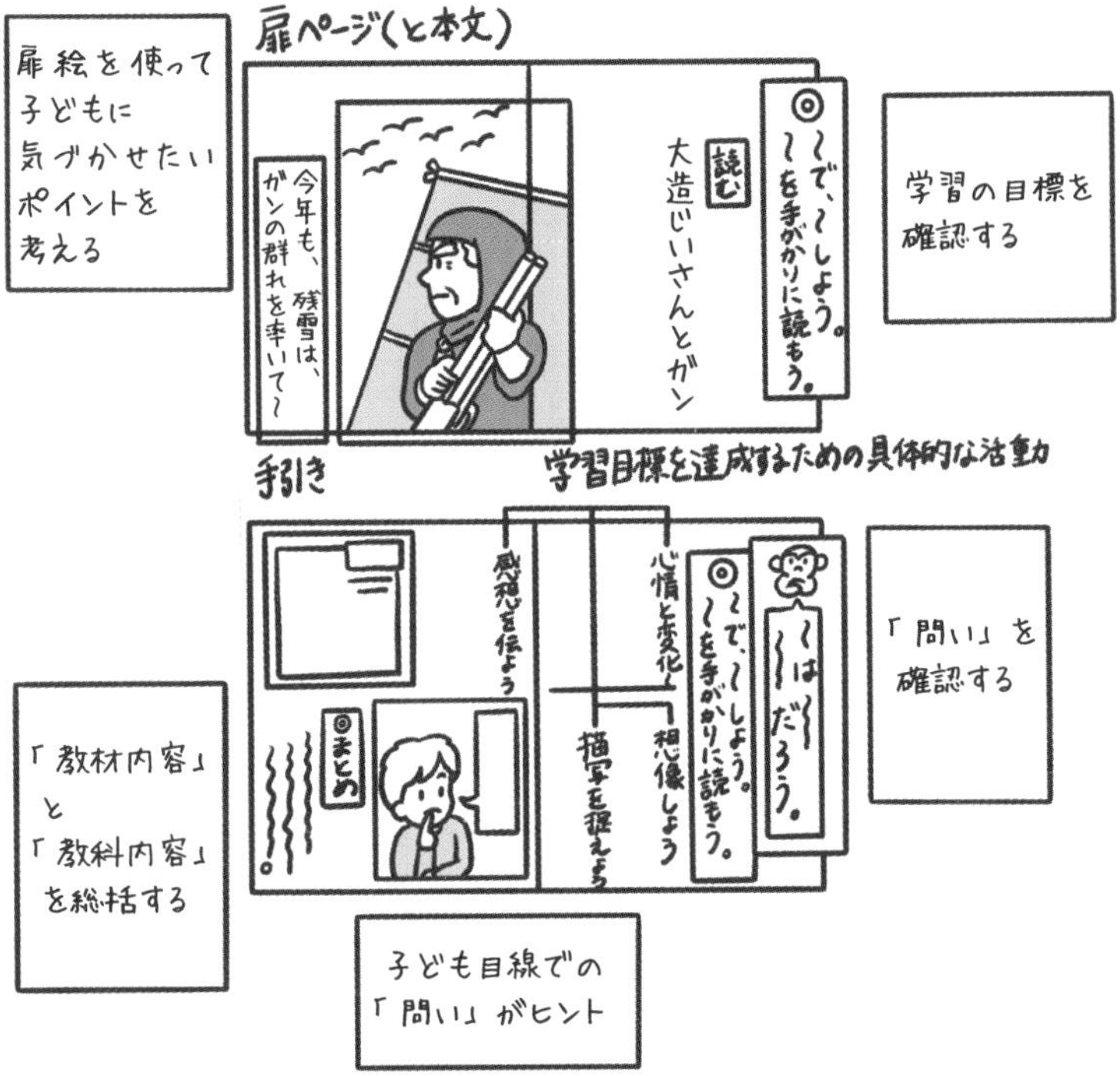

ど）ということばかりをやってもいけないわけであり、**教材内容と教科内容のバランス**が重要となります。

そう考えると、国語科の授業は難しい、と思う人もいるかもしれません。

そのための手引きです。手引きは、教材内容と教科内容のバランスがきちんととられています。手引きを分析することで、確かな学びを子どもたちと知的に楽しく考えることができます。

手引きをみるようにしましょう。ただし、**手引きは加工して使う**ということも頭に入れておいてください（詳しくは次頁以降）。

大テーマとテーマをつかむ

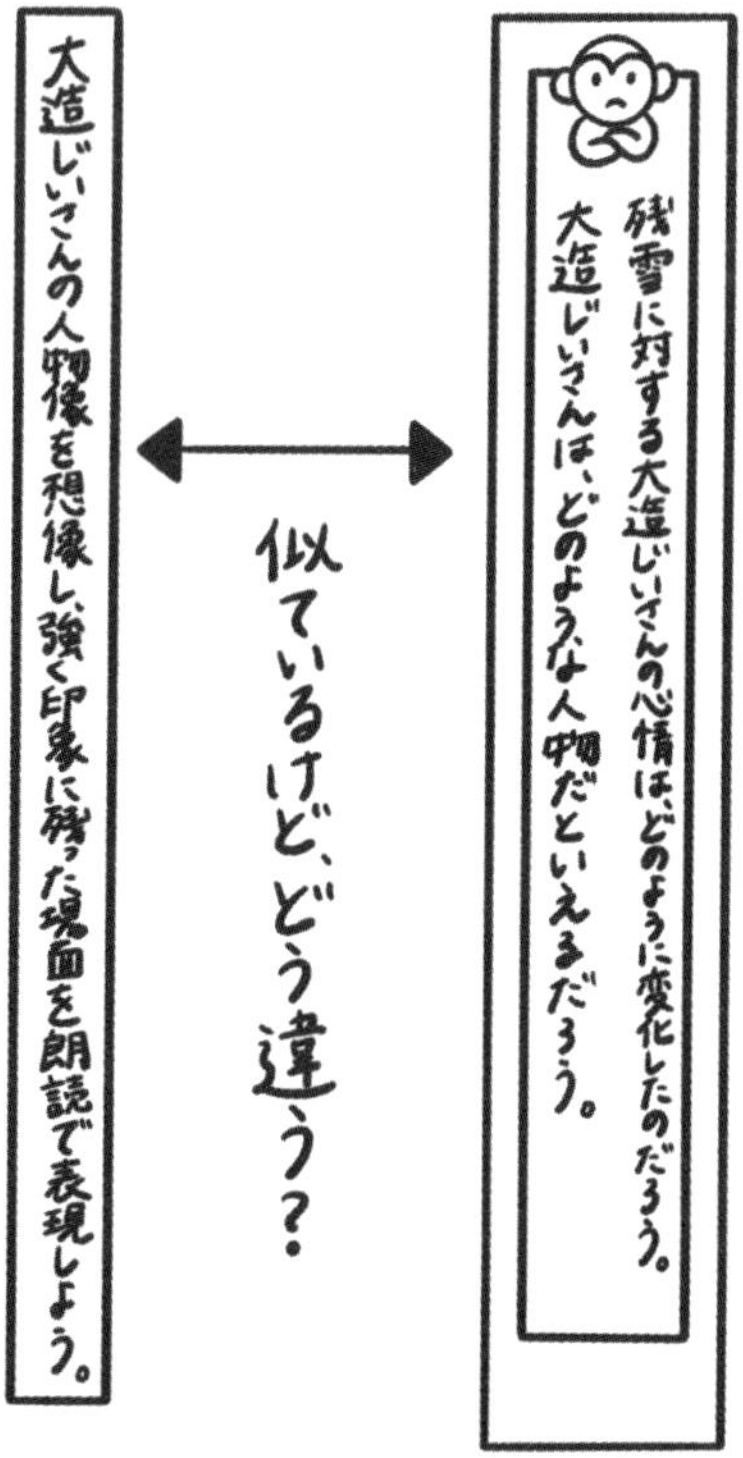
残雪に対する大造じいさんの心情は、どのように変化したのだろう。
大造じいさんは、どのような人物だといえるだろう。
似ているけど、どう違う？
大造じいさんの人物像を想像し、強く印象に残った場面を朗読で表現しよう。

このページからは、実際に手引きを「ツッコミ法」を使って分析していってみましょう。

まず、気になるのが「サル」が書かれている箇所です。サルは何やら考え込んでいます（そういえば、このサルは扉のページにも登場していました）。

サルの下に書かれている内容は、いわば「大テーマ」であり、この学習をしている期間は、ずっと頭のなかに入れておきたいことと言えるでしょう。

そして、視線を左に移すと、またテーマのようなものが書かれています。一読ではよくわからないかもしれません。

ただ、よく読むと「想像し」「朗読で表現しよう」と、具体的な行為が書かれています（「大テーマ」に対して「テーマ」と名付けておきます）。

つまり、この「テーマ」は、

テーマ
「想像」「朗読で表現」など具体的な学習活動が書かれている
具体性が強く大テーマに向かう具体的な学習活動が書かれている
大造じいさんの人物像を想像し、強く印象に残った場面を朗読で表現しよう。
似ているけど、どう違う？
残雪に対する大造じいさんの心情は、どのように変化したのだろう。
大造じいさんは、どのような人物だといえるだろう。
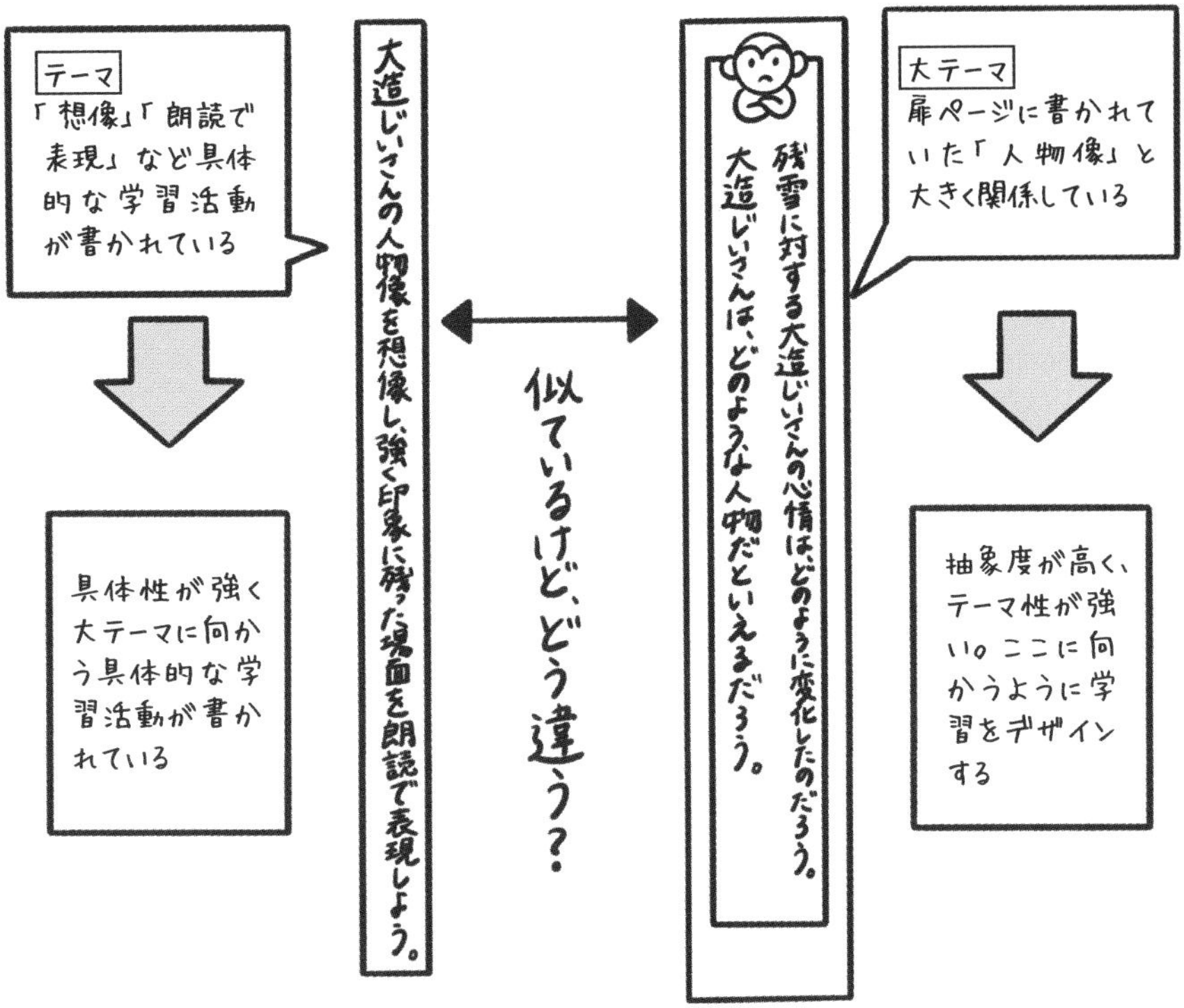
大テーマ
扉ページに書かれていた「人物像」と大きく関係している
抽象度が高く、テーマ性が強い。ここに向かうように学習をデザインする

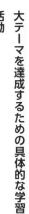

大テーマを達成するための具体的な学習活動

と言えます。本単元における学習活動を、短い言葉で表現すると、このような表記になるということです。

　たった2つのパーツではありますが、ここまで分析をすることができます。この「大テーマ」「テーマ」は、単元の学習で、ずっと貫き通す重要な文言です。きちんと押さえておき、いつも意識できるようにしておきましょう。この後の手引き分析にも入っていきますが、すべては、この「大テーマ」「テーマ」に紐づいているのです。
　この後は「小テーマ」「具体的学習活動」と進んでいきます。この2つを分析することで、実際の授業での学習活動に落とし込むことができるのです（詳しくは次頁）。

手引きのパーツの役割を理解する

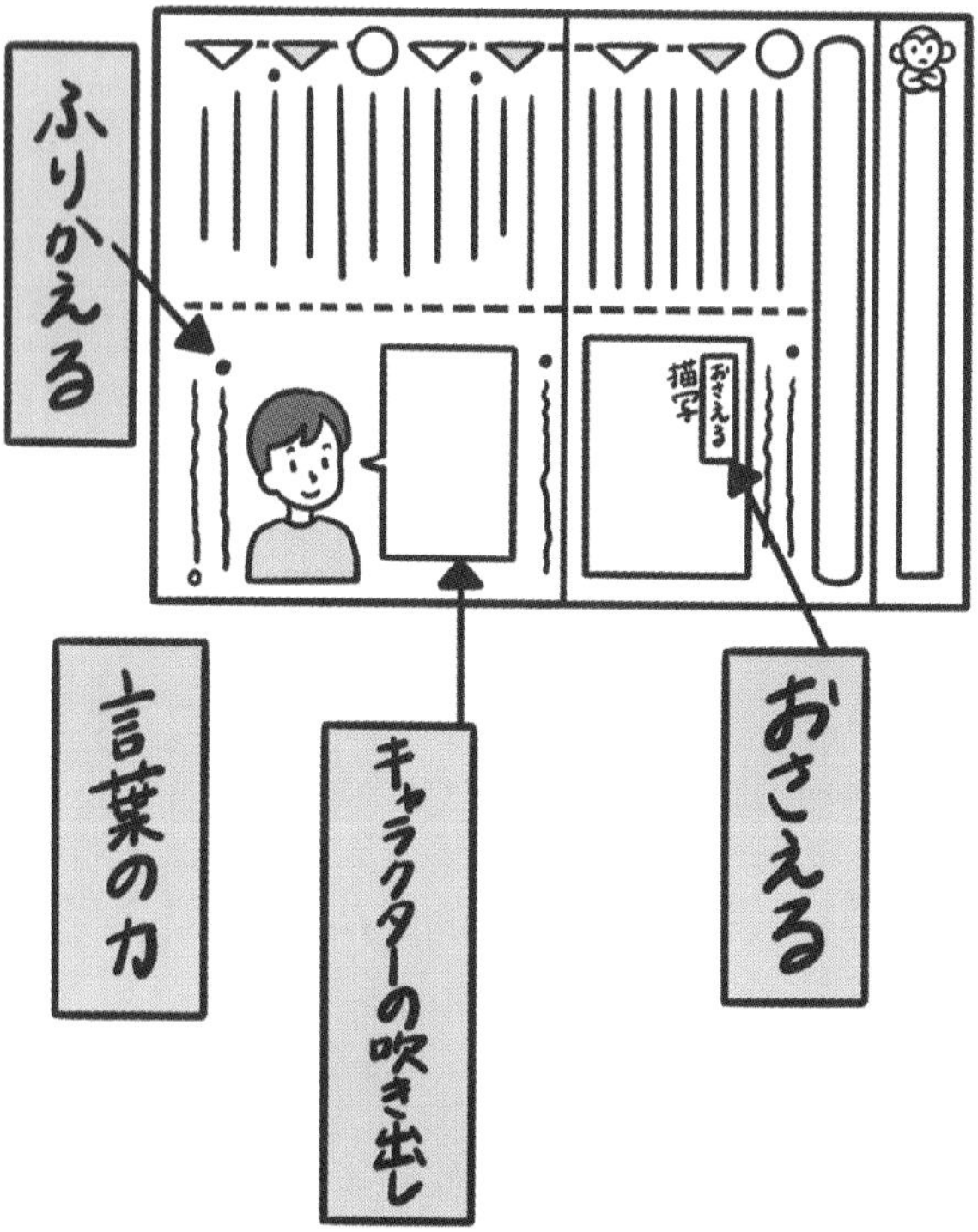

本ページでは、具体的に手引きの中身を見ていきましょう。手引きをよく見てみると（光村図書の場合）、

●
▼
・
おさえる
キャラクターの吹き出し
ふりかえる
言葉の力

というものが出ています。さらに発展的なものとしては、

言葉
漢字
こんな本もいっしょに

など、語彙力や文字力、読書に関するパーツが組まれていることがわかります（これらは発展的な内容となりますので、今回は割愛します）。

まず、大前提としておさえておきたいのが、

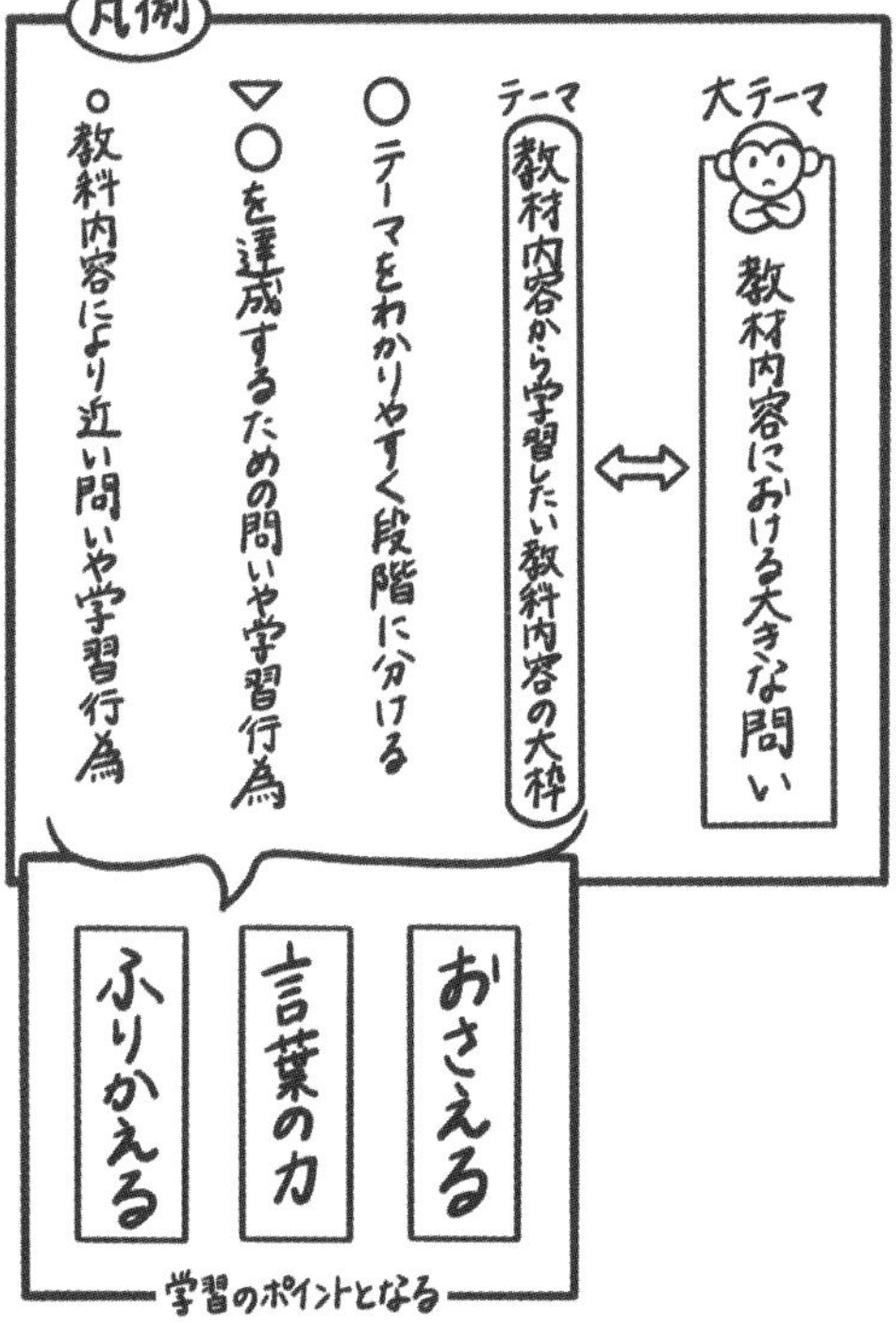

●
▼
・
という構成をつかむ

ということです。●は▼を包括しており、▼は・を包括しています。これが、手引き分析の基本となるので、まず、そのような視点で手引きを分析することをおさえましょう。

　また、キャラクターの吹き出し、振り返り、言葉の力は単元で学習を進める上で、大切なポイントとなります。

　国語科の手引き分析には、少々スキルが必要です。ぜひ、この次のページを読み、コツをつかんでください。

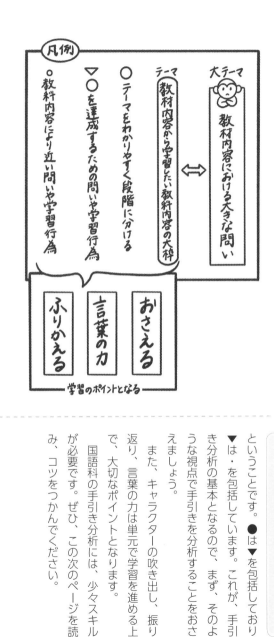

手引きを活かす具体的手立てとは

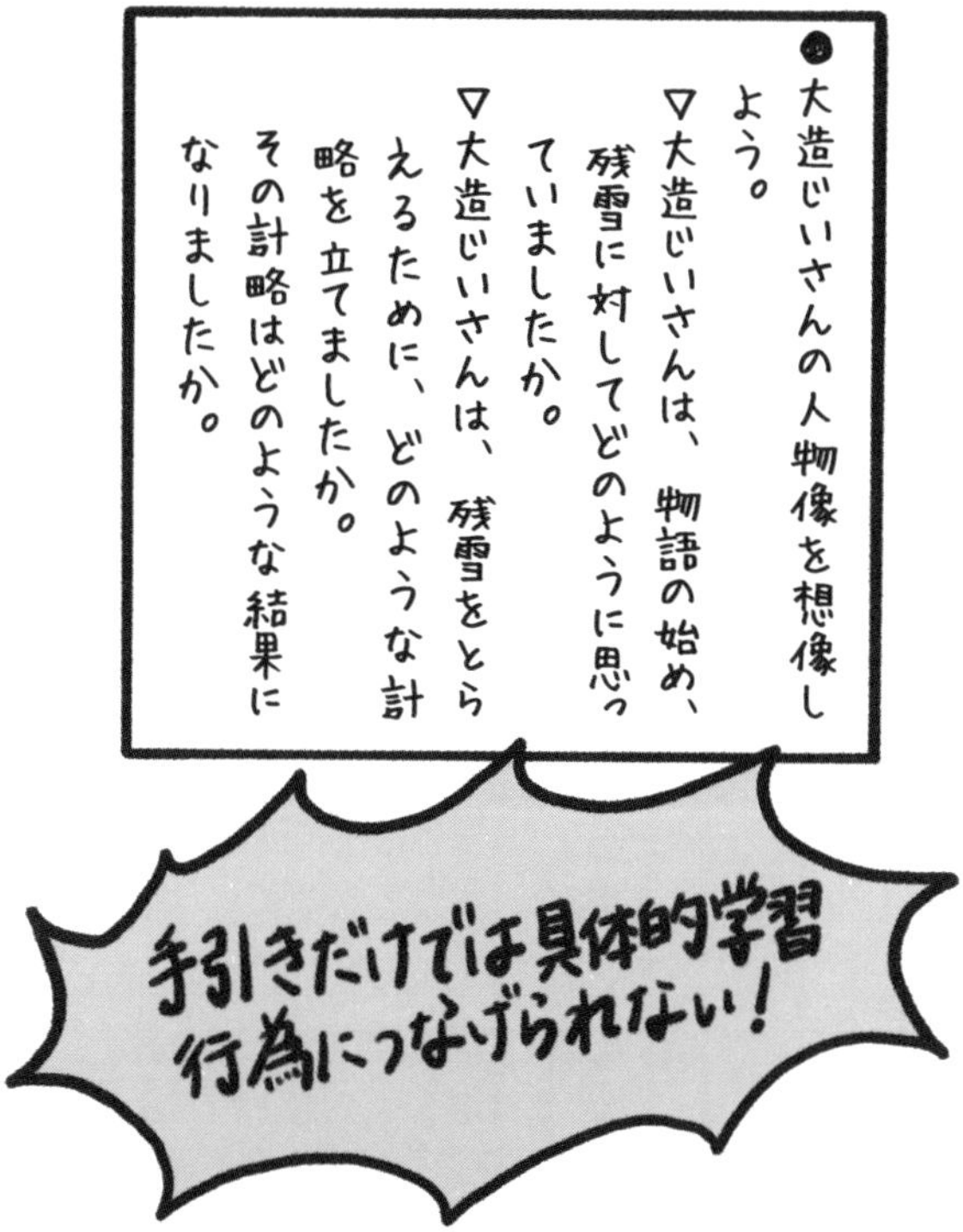
◎大造じいさんの人物像を想像しよう。
▽大造じいさんは、物語の始め、残雪に対してどのように思っていましたか。
▽大造じいさんは、残雪をとらえるために、どのような計略を立てましたか。
その計略はどのような結果になりましたか。
手引きだけでは具体的学習行為につなげられない!

ここまで、国語科教科書の手引きの見方について記してきました。ここまで読み進めていただいたことで、ずいぶん、手引きの見え方が変わってきているのではないでしょうか。

しかし、P.73にも記しましたが、**手引きはそのまま使えるわけではない**ということを押さえておきましょう。手引きに掲載されている学習活動だけでは、子どもたちは自分たちの学びにつなげることができないのです。

では、どうすればいいか。また、足りないものは何なのか。

それは、**具体的な学習行為**です。

たとえば、次の手引きを見てみましょう。

> 大造じいさんは、物語の始め、残雪に対してどのように思っていましたか。

これだけだと、子どもたち自身がどのように学習すればいいのかがわかりません。

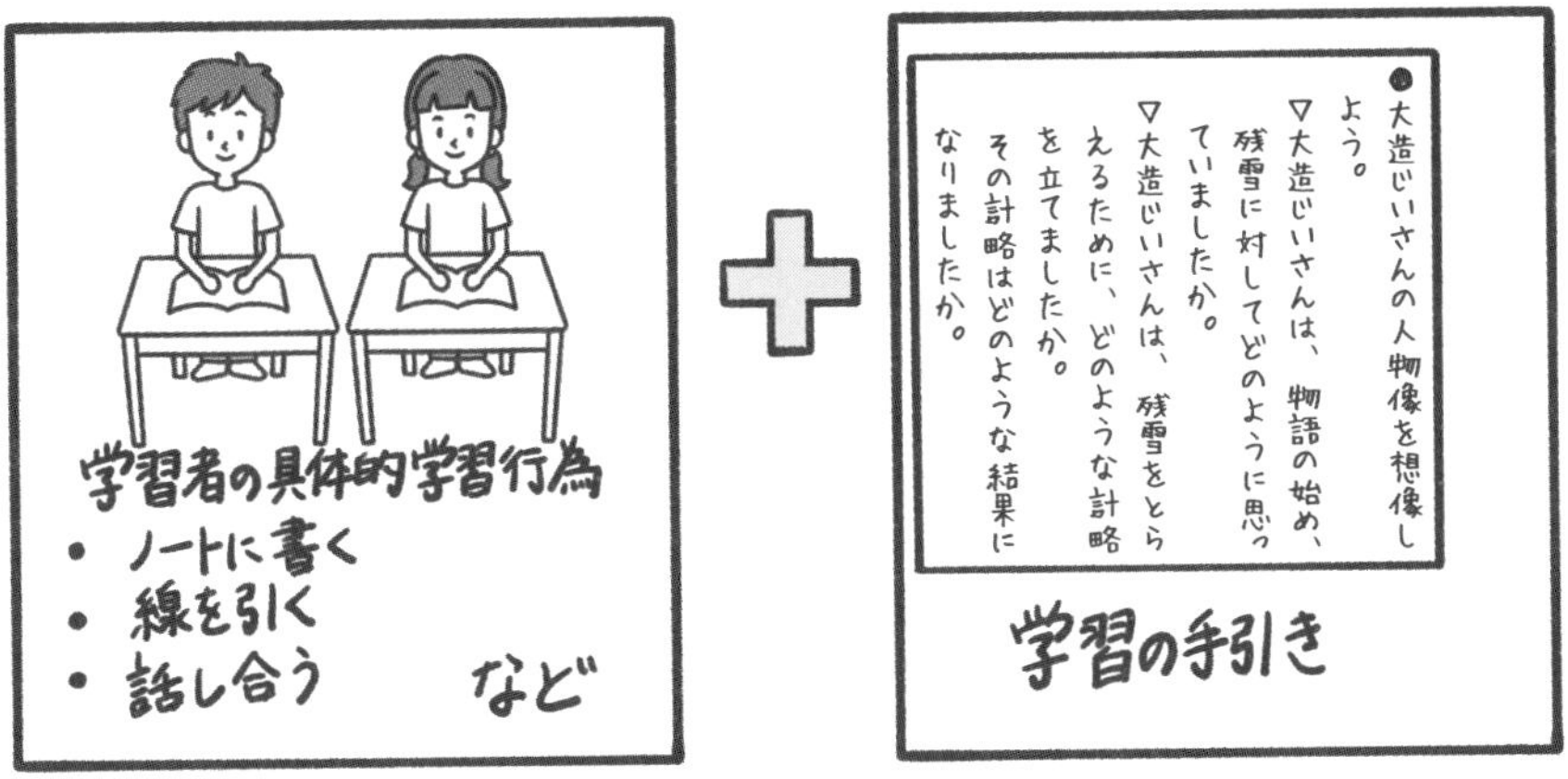

学習の手引きは学習者の具体的学習行為とセットで
初めて活きる

そこで、次を付け加えるのです。

・自分の考えを書きましょう（それがわかる一文に線を引きましょう）。
・おとなりさんと考えを交流しましょう。
・全体で発表しましょう。

このように「具体的な学習行為」をつなげて子どもたちに指示を付け加えるのです。

そうすることで初めて授業の中で手引きを活かすことができます。手引きをどのようにして子どもたちの具体的学習行為につなげていくのか。そこが大きなポイントです。

国語科教科書の手引きをフル活用し、日常の国語授業をよくしていってください。

第5章

教科書を使った超具体的実践例　社会編

社会科教科書活用の基本

社会科教科書例
地図
地図
もっと知ろう!!
写真
グラフ
①北海道の自然と人々
探求するテーマ
年表
北海道の歴史
社会科の基本は資料活用です!

本ページより、社会科の教科書活用について扱っていきます。

社会科の教科書で何より特徴的なことがあります。

それはいったい何でしょうか。

それは、

資料の活用

です。「社会科と言えば資料活用」そんな風にとらえていただいても間違いありません。

その他の教科でも資料はたくさん登場しますが、社会科の授業では、とにかく資料活用がメインとなります。

では、社会科には、どんな資料があるのでしょうか。

・写真

・表、グラフ

・年表

・地図

皆さん教科書を見て、
気がついたこと、疑問に思うことはありますか？
地図が2種類並んでるよ！
気づき
気候のグラフはなんで2こもあるのかな？
資料が並んでいるのは比較のためかなあ？
疑問
はてなをもつ力も学力だ!!
有田和正先生
資料が豊富なため、気づきが多く発せられます

もちろん、他にもたくさんあることでしょう。実は、どの資料もうまく扱えばおもしろい資料ばかりなのです。

では、そのような資料をどのようにして扱っていけばいいのか。

扱い方はいくつかのパターンがあるので、このページ以降に紹介していきますが、基本となるのは次です。

気がついたこと・疑問に思うことは何ですか？

社会科の授業名人、有田和正先生は「はてなをもつ力も学力だ」と言いました。問いをもてる力はとても重要な力です。

では、「問いをもつ力」をもてるにはどうすればいいのか。それは、まず「気づく力」をもつことです。だからこそ、発問に「気づく力」「疑問をもつ力」の2つの要素を取り入れているのです。

社会科の基本発問の扱い方

まず、前提として次のことを押さえておきましょう。

単元の扉のページの資料には、その単元で学ぶべき学習内容が詰め込まれているということです。

たとえば、上に紹介している資料（年表）があります。この年表を紐解くことで、本単元で学ぶべき学習内容に気がつくことができるのです。教科書の構成として単元のトピックページが、単元を貫く問いが生まれるように仕掛けられています。その前提をまずは押さえるようにしましょう。

では、実際の授業では、どのような流れで行うとよいのか。

子どもたちも先生も「気がついたことや疑問に思うことは何ですか」といった発問を軸に授業をするのに慣れていないうちは、一つずつ進めるようにしましょう。

年表を見て気がついたこと
はなんですか？
年表を見て気がつくことは
ありますか？
平氏と源氏がいる！
できるだけたくさん
箇条書きにしてみましょう
みんなの意見を見て、どんな
疑問が浮かびますか？
武士の「台頭」ってなん
だろう？
中尊寺金色堂と武士は
関係があるのかな？

社会科の基本発問を分けて扱う

「年表を見て気がついたことは何ですか？　できるだけたくさん箇条書きにして書きましょう」

（子どもたちの意見を出し切ったのちに）

「みんなの気がついたことをみて、どんな疑問が浮かびますか？」

そして、疑問を出させます。きっとこの単元で学びたいことや関連していることが出されるはずです。子どもの意見をもとに次の時間へとつないでいきましょう。

社会科は子どもが調べる時間

社会科で大切なことは
「調べる力」
を身につけること

社会科授業で子どもたちに身につけさせたい大切な学習技能があります。

それは、

調べる力

です。

社会科の理想は、自ら気がついたことをもとに疑問をもち、それを自分の力で追究していくことです。社会科を突き詰めて研究に取り組んでいる先生の教室では、それぞれが資料を見ていたり、中には、取材の電話をかけたり手紙を書いたりしている子どもの姿が見られたりします。

もちろん、そのような姿を私も含め生半可な気持ちで目指すのは大変危険なことです。しかし、そうした事実を知っておくことは大切なことであると思っています。

では、教室で私たちが日常レベルで実施できることとはどんなことなのでしょ

うか。

それは、

子どもたちに調べるという裁量権を与える

ということです。

教室の中にいるだけでも、たとえば、次のような調査活動が可能です。

・教科書をはじめとする資料を自分で調べる
・インターネットを活用して調べる
・友だちに取材に行く

教科書には「当たり前」しか載っていないと思われがちですが、実におもしろい情報がわかりやすく掲載されています。

このようなことをどんどん時間を取って子どもたちに取り組む機会を与えましょう。

社会科は自ら調査をして力をつけていく時間

そのことを忘れないでください。

調べたい資料を自己決定させる

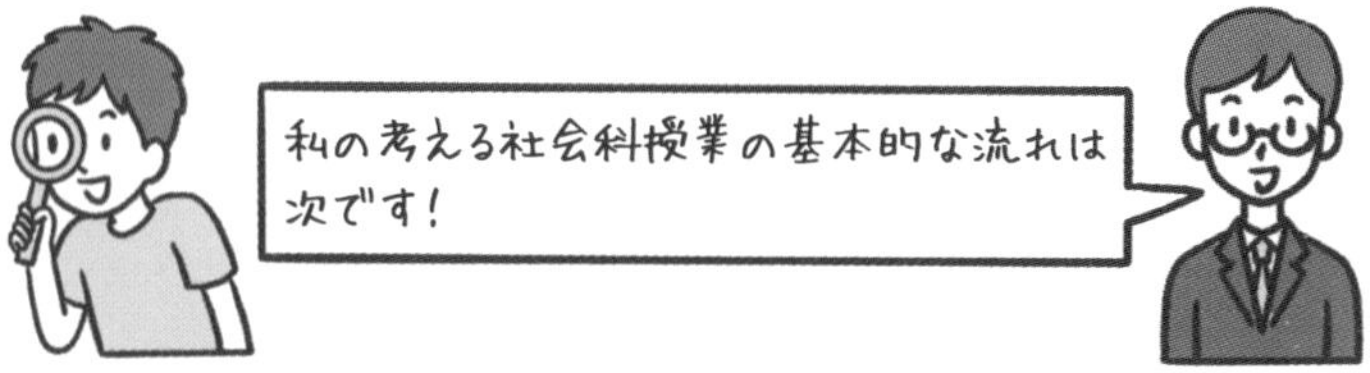
私の考える社会科授業の基本的な流れは次です！

導入；興味関心をもつ、学びの方向付けをする

▼

めあてを確認する

▼

調べたい資料を決定し、調べる
全体で共有する

▼

本時で最も考えたい中心課題を考える

▼

まとめ（振り返り）

子どもたちが調べることを中心に社会科の学習を組み立てようとするとき、やはり、そこには「工夫」が必要です。

ここでは、教科書を活用しつつ、子どもたちが主体となって調べる授業について紹介します。

私の社会科授業の基本は次の通りです。

・導入・めあての確認
・調べる内容や手段を自己選択
・それぞれが調べたことを共有
・中心課題について考える
・まとめ

順に見ていきましょう。

たとえば、左上のような導入で「福祉のための費用とはどんなものがあるのでしょう」と聞いたとします。そして、子どもたちの意見を受けながら、課題を提示します。

それからがポイントです。ここで工夫しなければ、先生の一方的な説明を聞く

福祉のための費用
好きなもの気になったことを選びましょう。
ハイ！
導入・課題の確認
調べる内容手段を自己選択
集めたよ
ヨイショ
発表します！
それぞれが調べたことを共有
中心課題について考える（まとめ）

社会科授業となってしまい、子どもたちの知的好奇心を刺激することはできません。

ここでは、次のようにしてみましょう。

自分の調べたい資料を一つ決めましょう。それについて調べましょう。

このようにして、たくさんある資料から調べたい資料を一つ選ぶのです。そして、調べる時間を5～10分ほど取ったのちに「全体で発表しましょう」とします。すると、パズルのピースのように情報が一つに集約されていきます。このような学習の方法を「ジグソー法」と言います。それぞれが調べた学習を一つに合わせることで情報を集約する方法です。

そうして調べてから、本時で最も考えたい課題について考えます。子どもたちは自分たちで調べているので、意欲的に学習に取り組むことができるのです。

ペーパーテスト対策をしっかりと

小学生

	1990年		1996		2001		2006		2015	
1位	体育	79.4(%)	図画工作	86.5	図画工作	83.6	体育	84.9	家庭	90.2
2位	図画工作	75.8	家庭	82.7	体育	81.6	家庭	84.3	図画工作	86.5
3位	理科	71.4	体育	80.9	家庭	79.6	図画工作	79.1	体育	83.1
4位	家庭	67.8	理科	71.3	音楽	69.7	理科	68.5	外国語(英語)活動	77.6
5位	音楽	57.6	音楽	62.2	理科	68.2	総合的な学習の時間	67.0	理科	75.2
6位	国語	52.2	国語	61.0	総合的な学習の時間	61.0	音楽	66.8	総合的な学習の時間	74.4
7位	算数	51.8	算数	53.1	算数	55.6	算数	62.8	音楽	71.5
8位	社会	50.9	社会	51.4	国語	54.7	国語	53.4	算数	68.4
9位					社会	49.6	社会	48.0	国語	58.5
10位									社会	55.6

社会科の授業を調べる時間を多くとることで、たちまち子どもたちは社会科大好きになります。

ベネッセ教育総合研究所（2017）が調べた「25年間で子どもの好きな教科はどう変わった?」という記事によると、社会科は、1990年から2015年までずっと最下位を記録し続けています。

しかし、私のクラスでは、子どもたちがクラスで1番人気になるんじゃないかというくらいに大好きに変わっていきました。

自分たちで調べたり考えたりできる社会科はとても魅力的であり、子どもたちをダイナミックな学びへと導いてくれるのです。

しかし、ふだんから「社会科楽しい」と言っていた子どもたちが、あることをきっかけに「やっぱり社会科きらい……」となってしまうことがあります。

一体なんだと思いますか？

それは、

ペーパーテストの結果

です。

社会科のペーパーテストは、基本的に「知識の定着度」を測るものがほとんどです。最近のテストでは、いろいろな工夫がなされていますが、それでもペーパーテストの限界もみられます。どうしても「覚える」という作業が必要となり、暗記ができていなければ、テストの点数に結びつけることはできません。

つまり、日々の授業も充実させつつ、知識もしっかり定着させていく必要があります。

そこでおすすめが「班クイズ」です。やり方はとても簡単で、3～4人のグループで「テストに出そうな問題」を教科書からひたすらクイズにして出し合います。**わからないときは、答えを教科書で確認してOKです。**

子どもたちが社会科大好きと感じられるためにもおすすめの方法です。

第6章

教科書を使った超具体的実践例　算数編

算数授業を教科書で充実させる

算数科は苦手意識が高い子どもが多くいる一方、保護者の期待が高い教科であるといえる
算数
1
2
3
教科書活用スキルがカギを握る!

本章から算数科を扱っていきます。算数科はほとんど毎日の授業で実施されるもの。さらには、保護者の方や子どもたちにとっても関心の高い教科です。

また、苦手意識をもつ子どもや何とか得意になってほしいと思う保護者の方も少なくありません。そういった意味でも注目度が高い教科だと言えます。

とはいえ、しっかりとした教材研究の時間をとる時間もない。さらに時代は「主体的・対話的で深い学び」を求められ、より高度な授業を求められています。

期待の高い算数の授業すら、十分な準備もできないままに授業を迎えなければならない……。

なかなか困ったものです。

やはり、算数科でも突破口は、

教科書を正しく分析する

というスキルでしょう。

このページでは、算数科における教科書分析の基本を記しておきます。

まず、大きく次の3つに分かれることをおさえておきましょう。

・扉ページ
・メインページ
・まとめページ

算数科の教科書も、他の教科と同じように、

・興味関心と見通しをもつ
・本単元で学ぶべき学習内容に取り組む
・本単元で身につけた知識や能力を活用する

という3層構造になっています。ただ、その他の教科とちがうところは「メインページがいくつかのまとまりに分かれる」ということです。次ページ以降で解説していきます。

扉ページで押さえたい2つのこと

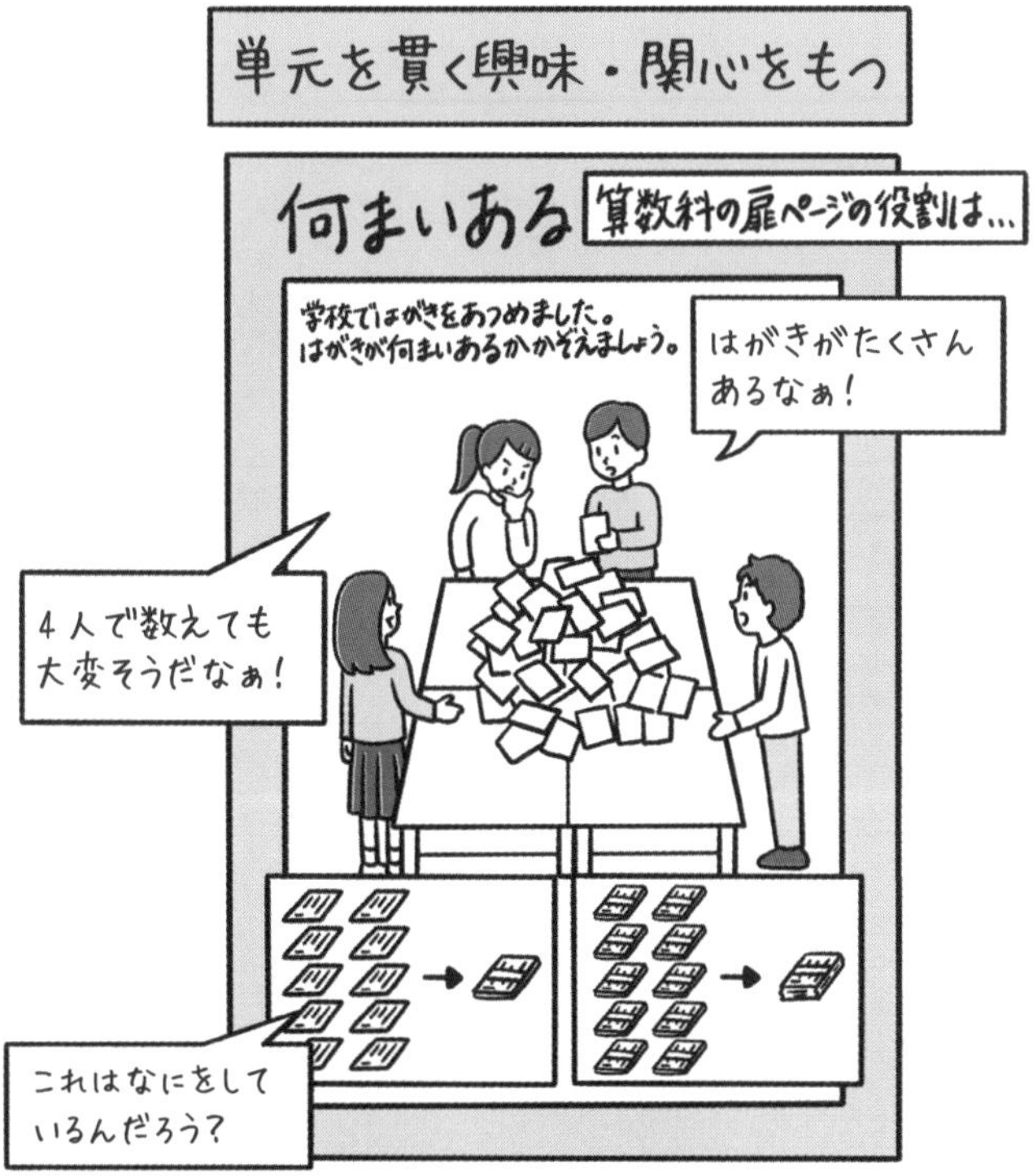

では、算数科の扉のページからみていきましょう。ここまでも算数科の教科書を使ってお伝えをしているので、内容が重なるところがあるかもしれませんが、ご了承ください。

扉ページの役割は何か。このページまでに何度も登場しているので、「さすがにもうわかりますよ」と言われると思いますが、確認しておきましょう。

・単元を貫く興味関心をもつ
・単元を貫く「見方・考え方」をもつ
（つまり、単元の学習の見通しをもつ）

の2点です。

興味関心と見方・考え方。双方とも学習を進める上で欠かせない2点です。これがあるのとないのとでは、大きなちがいがあります。だからこそ、扉ページはていねいに扱わなくてはいけません。

そして、

教科書にはそれらが自然に生まれる条件が子どもたちの身近な生活経験を通じて設定されている

ということも大きなポイントです。それほど考えられた教材ですので、イラストも使わない手はありません。

　では、このイラストをどのように活用すればいいのでしょうか。

　それは、

教科書に子どもといっしょにツッコミを入れる

という作業をするだけです。具体例は上記を見てください。

　単元の導入が知的興奮に包まれるはずです。

算数教科書特有の構造を知る

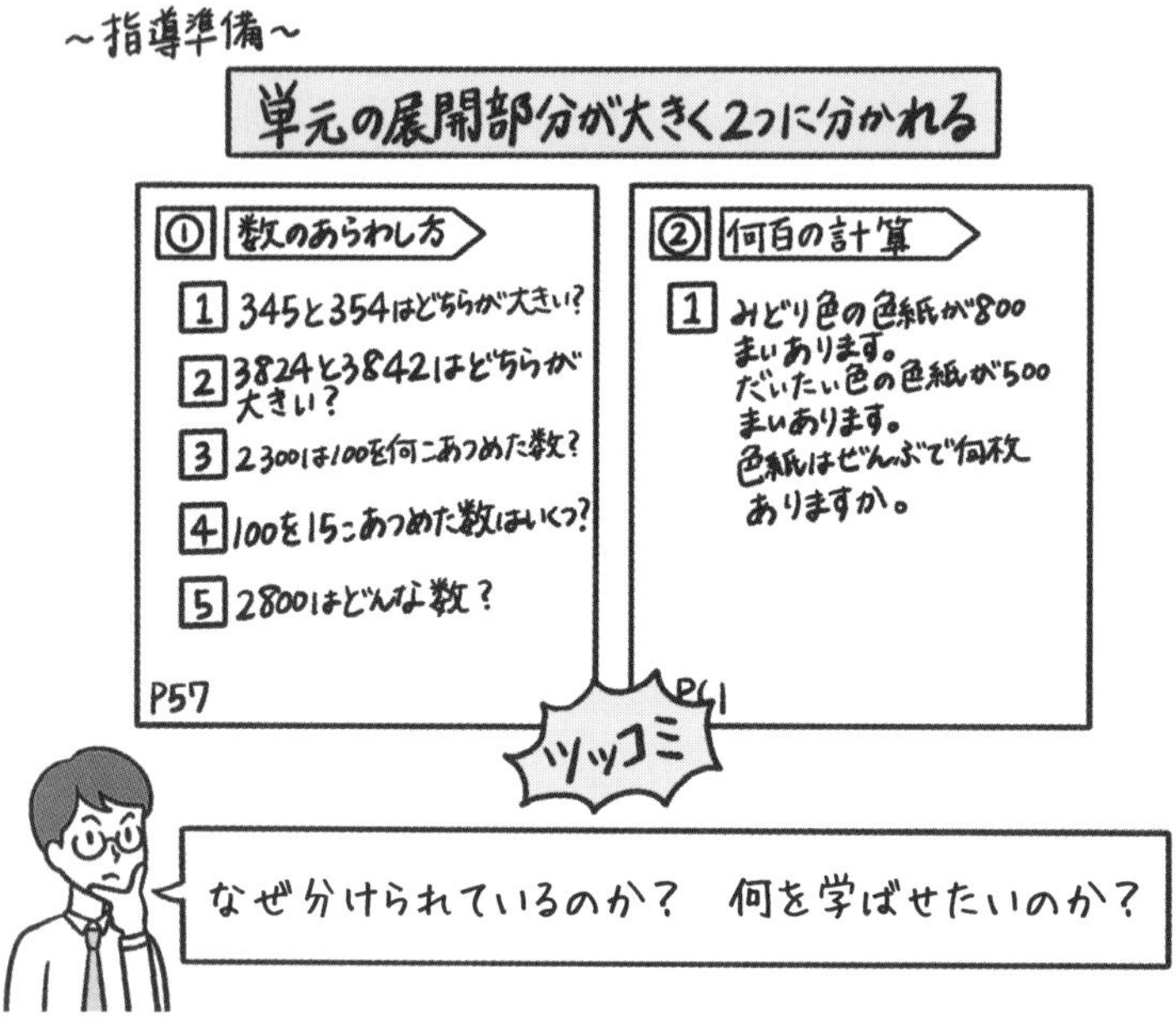
～指導準備～
単元の展開部分が大きく2つに分かれる
① 数のあらわし方
1 345と354はどちらが大きい?
2 3824と3842はどちらが大きい?
3 2300は100を何こあつめた数?
4 100を15こあつめた数はいくつ?
5 2800はどんな数?
P57
② 何百の計算
1 みどり色の色紙が800まいあります。だいだい色の色紙が500まいあります。色紙はぜんぶで何枚ありますか。
P61
ツッコミ
なぜ分けられているのか?　何を学ばせたいのか?

算数科の教科書で特徴的なものとしてあげられるのが次のことです。

展開部分がいくつかの大きなパーツに分かれることがある

これは、その他の教科では見られない傾向です。算数科特有と言ってもいいでしょう。

では、その傾向とは一体何なのでしょうか。

上記の教科書には「数のあらわし方」と書かれています。また、別のページには「何百の計算」というページもあり、それぞれがつながっていないわけではありませんが、独立したものです。

まずは、そのことを押さえておきましょう。というのは、同じ単元の中でも、学習内容が切り替わる瞬間であり、2つ目の学習内容に入ったときには、改めてこちらを指導する内容が生まれるからです。

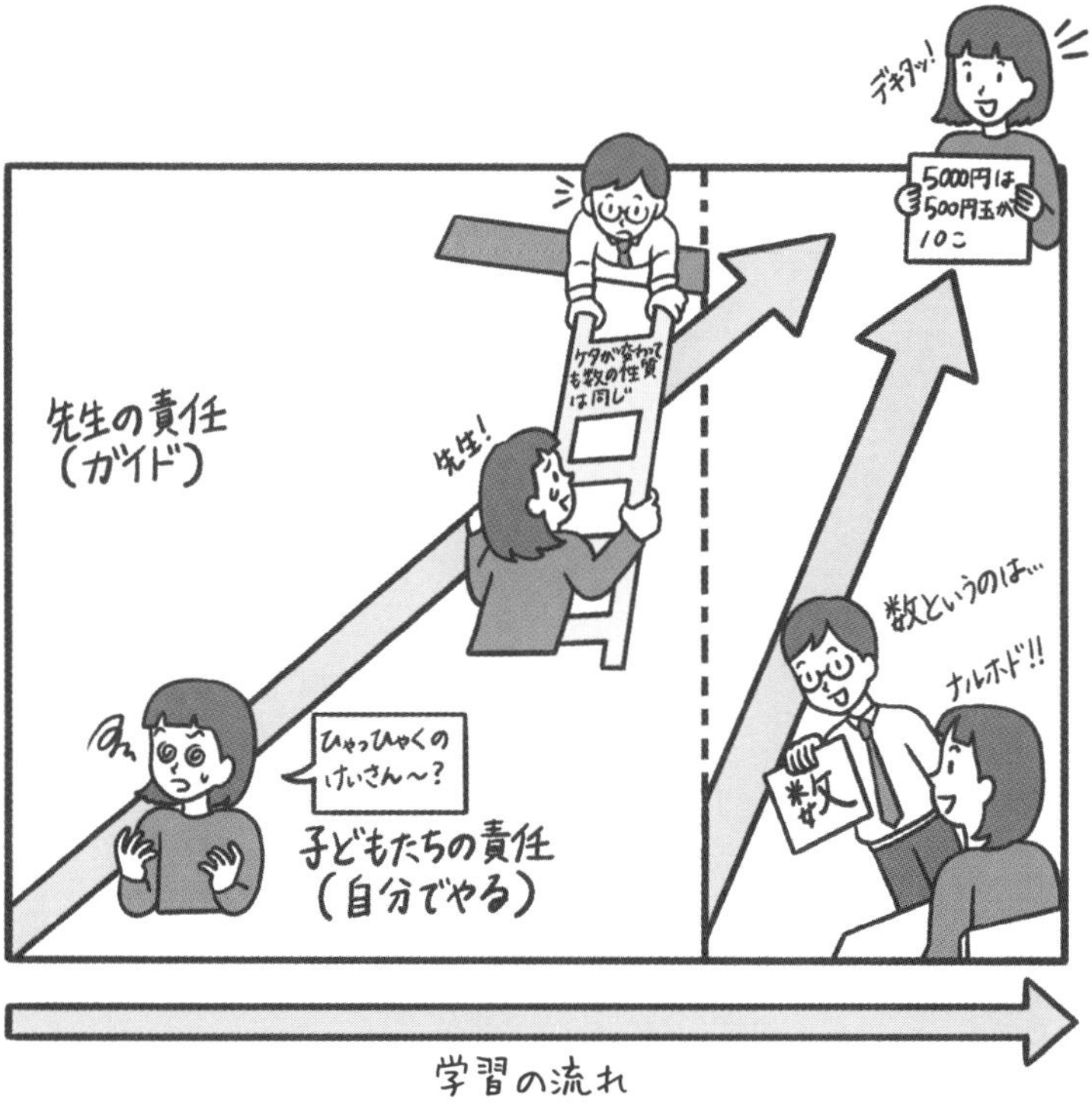

P.44に示したような、単元が進んでいくにつれて、子どもの学習の責任が比例して大きくなっていくというパターンから外れることがあるのです。このことを頭に入れておかないと、

〈先生側〉

もう単元の後半に入っているから自分たちでできるはず。

〈子ども側〉

自分たちでできると思ったけど、これまで知らないことが出てきている…。どうしたらいいの。

というずれが生まれる可能性があります。単元内で新たな学習内容に入るときには、もう一度、先生のガイドの時間を確保することを忘れないようにしましょう。

教科書活用を自己選択させる

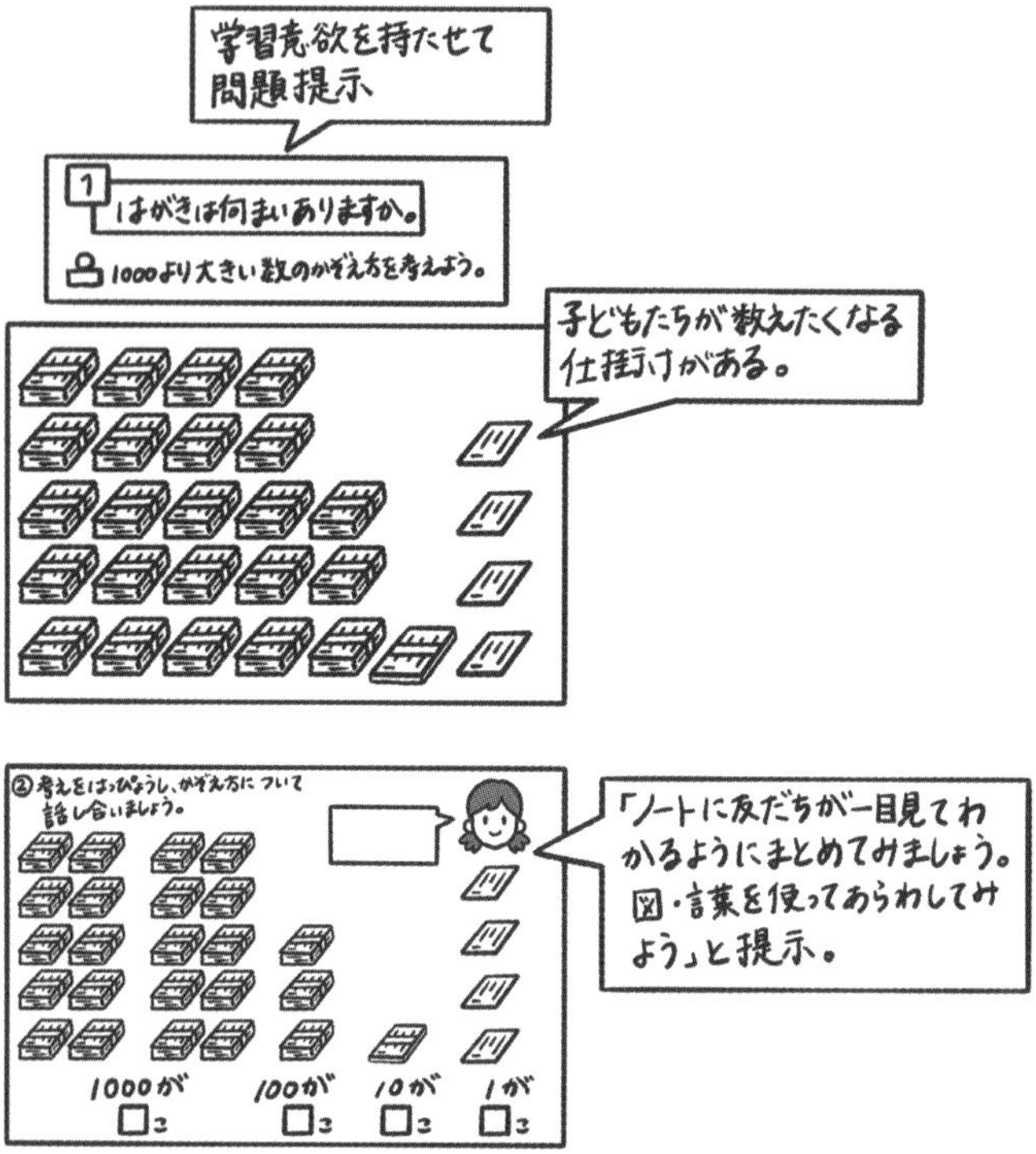
学習意欲を持たせて問題提示
1 はがきは何まいありますか。
1000より大きい数のかぞえ方を考えよう。

子どもたちが数えたくなる仕掛けがある。
② 考えをはっぴょうし、かぞえ方について話し合いましょう。
「ノートに友だちが一目見てわかるようにまとめてみましょう。図・言葉を使ってあらわしてみよう」と提示。
1000が □こ
100が □こ
10が □こ
1が □こ

算数の教科書の単元の展開部分には、いくつかのパターンがあります。

その中でも、このページでは

子どもたちが考えをもつ

ことをメインにおくページについてご紹介します。

算数の教科書において、何か新しいことを学ぶときには、多くの場合「思考メインのページ」が存在します。

その場合、具体的な思考課題が子どもたちに提示されていたり、思考パターンの例が教科書に示されたりしています。

上記のページの例だと「はがきは何まいありますか」という問題があり「1000より大きい数のかぞえ方を考えよう」というめあてが立てられています。そして、その上には、はがきが整理して並べられています。

こうした場面でよく教室で行われることが

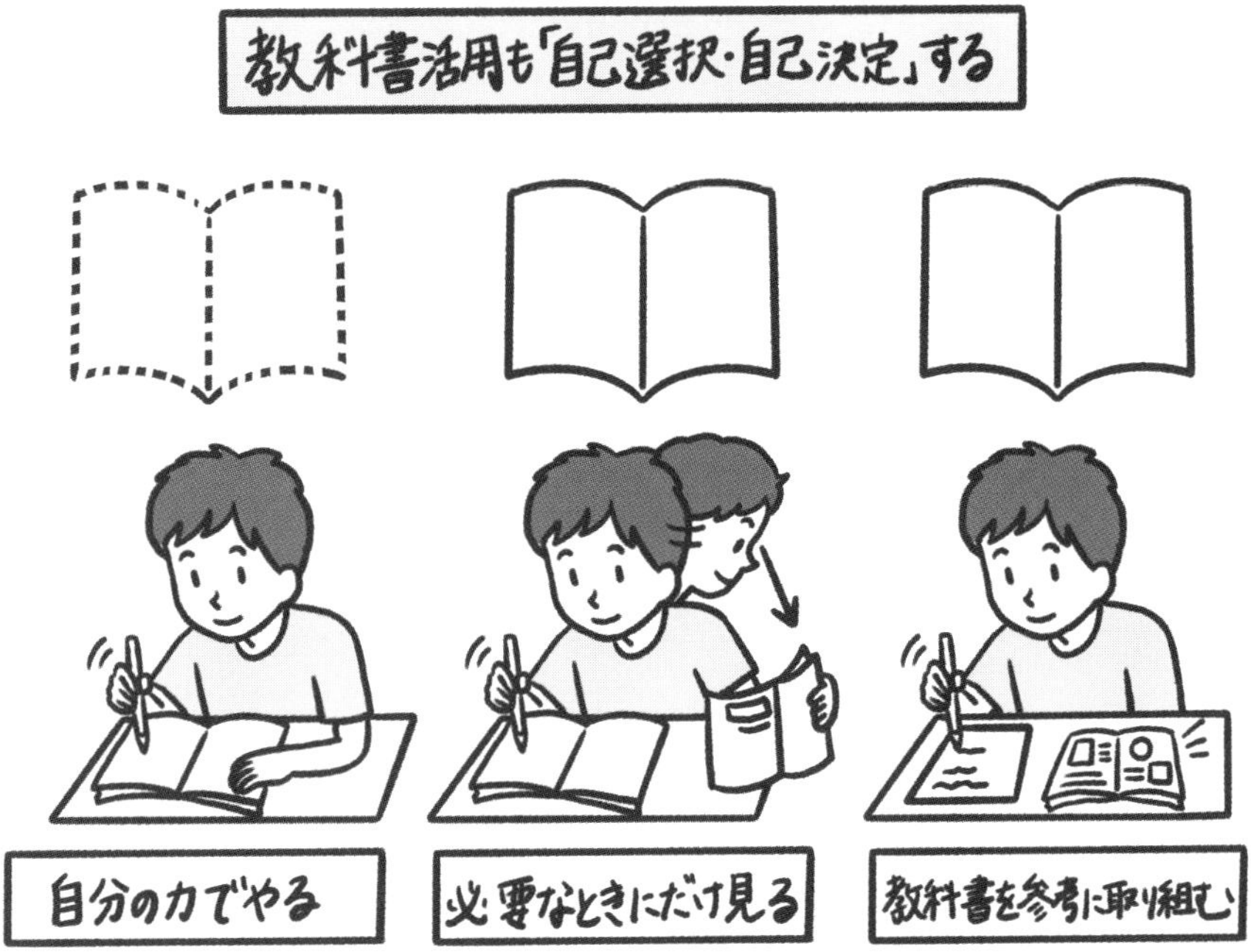
教科書活用も「自己選択・自己決定」する
自分の力でやる
必要なときにだけ見る
教科書を参考に取り組む

算数の教科書を見せない

という先生方の行為です。もちろん、何かに頼らずに自分の頭で考えることはとても大切なことですが、「見せない」一択では、算数に苦手意識が高い子など、何もできなくなってしまうことが多くあります。

そこで、P.60でも紹介しましたが

教科書の活用を選択させる

ということが大切です。

・まったく見ずに行う
・困ったら少し見て閉じる
・教科書を参考に行う

ということです。教科書の活用はこちらで決めるだけでなく、子どもたちに選択の機会を与えていくのです。

思考と基礎基本のバランスをとる

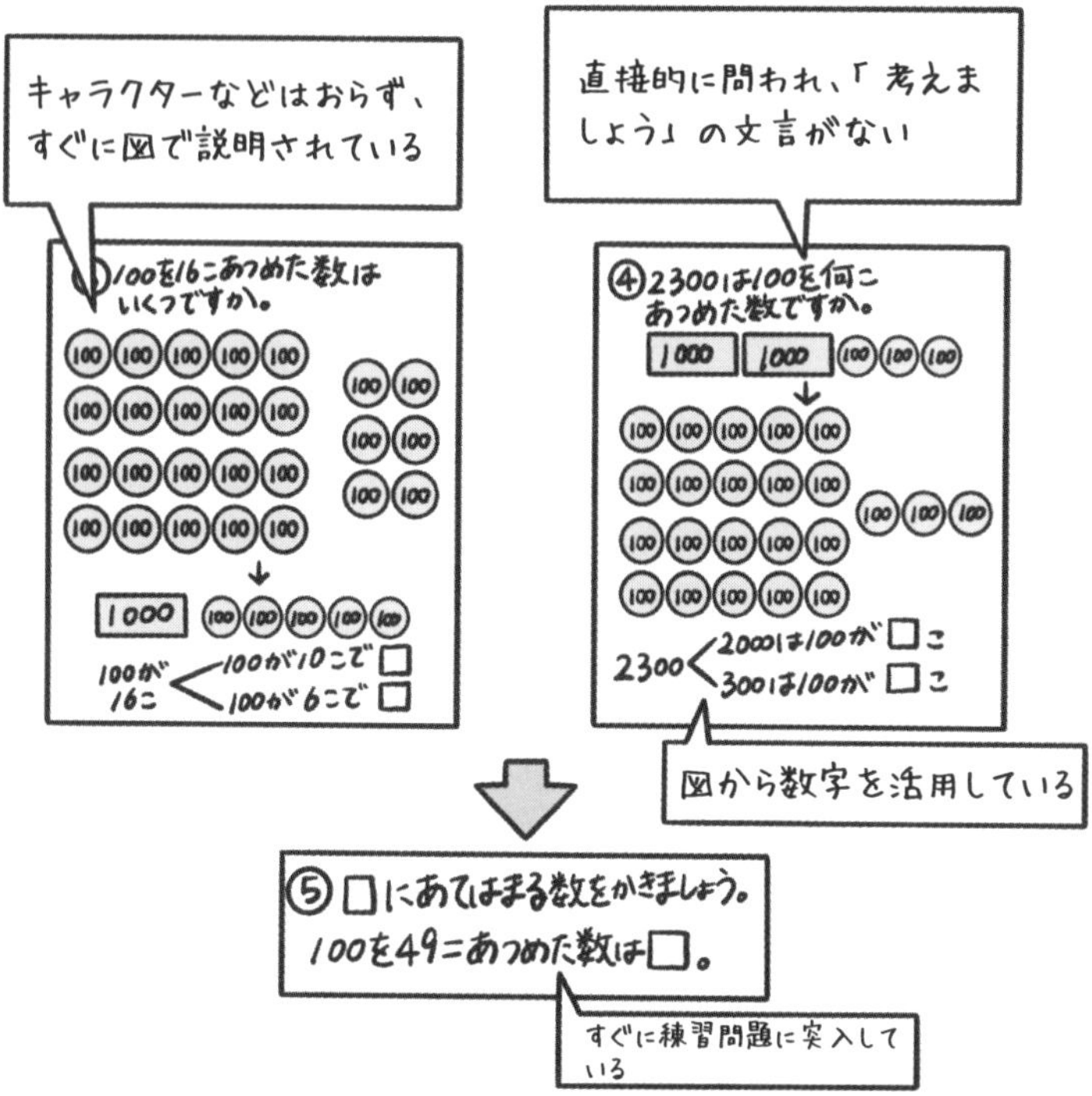

キャラクターなどはおらず、すぐに図で説明されている
①100を16こあつめた数はいくつですか。
1000
100が16こ
100が10こで□
100が6こで□
直接的に問われ、「考えましょう」の文言がない
④2300は100を何こあつめた数ですか。
1000 1000
2300
2000は100が□こ
300は100が□こ
図から数字を活用している
⑤□にあてはまる数をかきましょう。
100を49こあつめた数は□。
すぐに練習問題に突入している

「問題解決型学習」の算数科の授業が重要視されています。以前、勤めていた自治体では「算数の研究を学校で行うのなら問題解決型」という流れが生まれ、どの学校でも一生懸命に取り組んでいました。

問題解決型学習では、「問題・めあて・見通し・解決・まとめ」といった一連の流れが取られ、どの学習内容の授業であっても一定の授業の流れが守られていました。

つまり、

思考力を育むことに重きを置いた授業

とも言えます。しかし「思考力のみ」に偏った算数科の授業は、いくつかの問題がありました。

・考える時間が多くとられすぎ、練習問題などの算数的経験が不足し、子どもたちに基礎基本の力が身につかない

・問題解決型学習のほとんどが教科書を

タイヤ
大きいと一回転でより遠くまでいく!
小さいと早く回りすすみやすい!
モットワカル!
ワカルッ!
直径×3.14
基礎
基本
思考力
基礎・基本
バランスをよくすれば、よりよい思考力を磨ける。

見ないという条件で学習が進められるので、苦手意識が強い子どもが何もできなくなってしまう

そして、教科書の構成に目を向けると、次の2つ存在することがわかります。

・見方・考え方のポイントを絞って伝え、算数的体験を十分に確保するページ

・思考力を育むページ

つまり、大切なことは

思考力を育む時間と基礎基本の力を育む時間

それぞれの時間を、うまくバランスをとる必要があるのです。

そのことを踏まえ、ページによって授業スタイルを変えていけるようにしましょう。

第7章

教科書を使った超具体的実践例　理科編

理科の教科書の見方

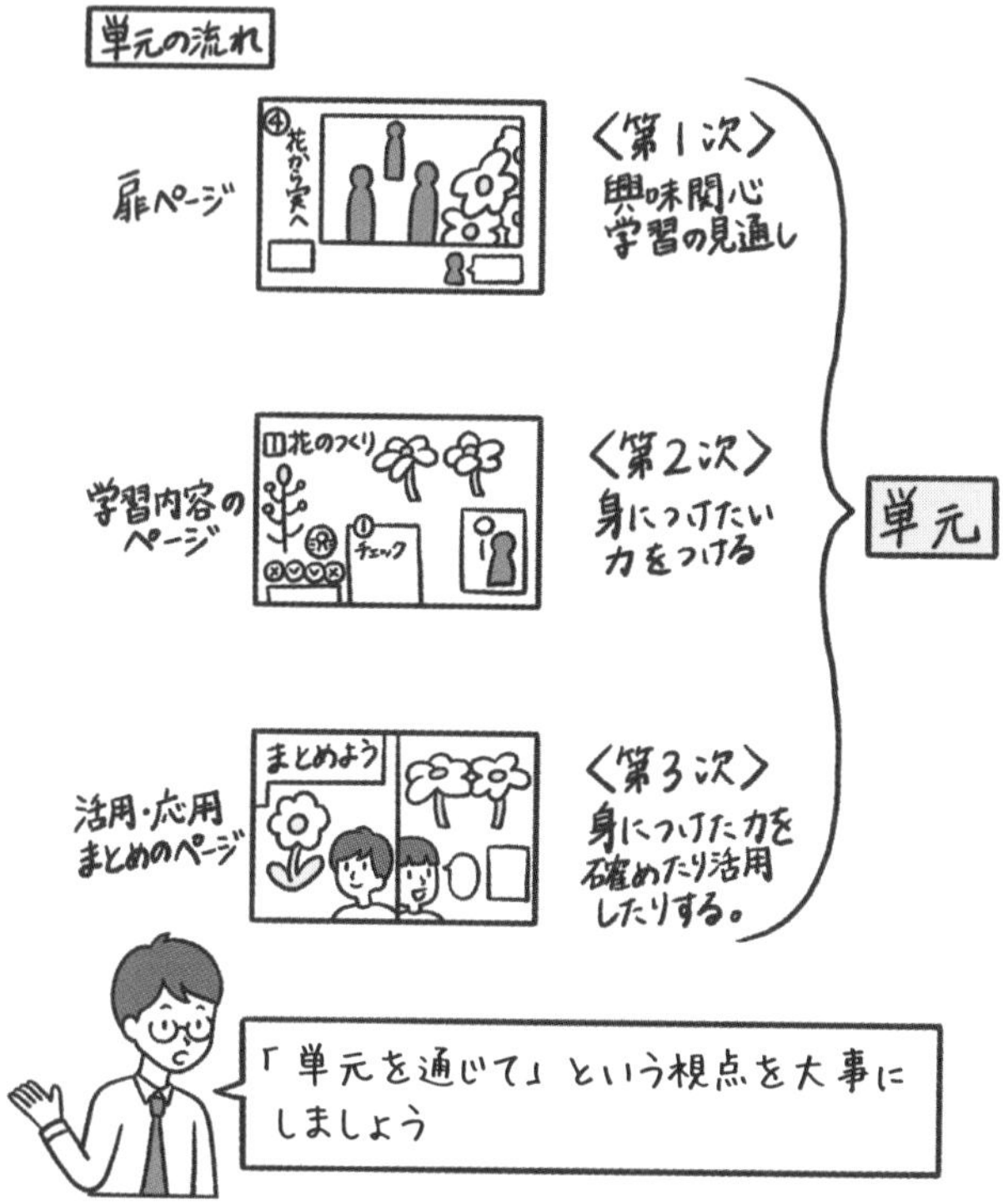
単元の流れ
扉ページ
④花から実へ
〈第1次〉
興味関心
学習の見通し
学習内容のページ
①花のつくり
チェック
〈第2次〉
身につけたい力をつける
単元
活用・応用
まとめのページ
まとめよう
〈第3次〉
身につけた力を確めたり活用したりする。
「単元を通じて」という視点を大事にしましょう

中堅教員ともなると、次のことを意識して教材研究を進めている先生も多くいます。

単元を通して教材研究をする

中堅教員から、さらに進んでベテランになると教育活動とのつながりを通じて」「他教科とのつながりを通じて」という視点でみるようになっていきます（これが「カリキュラム・マネジメント」）。

若手の先生においては、まだ見えなくとも「単元を通じて」という視点は、ぜひ、もってもらいたい視点です。

それぞれの教科には、共通の特性と、教科による特性があります。

共通の特性として、

・第1時（第1次）で興味関心をもつ。学習の見通しをもつ

・第2次で、単元で身につけたい力を身につける

・第3次で身につけた力を確かめたり活

指導計画例

単元	植物の育て方			
時	1時	2時	3時	4時
内容	異なる成長段階の植物を比べさせる。	観察を、絵や言葉にしてまとめ、グループで発表する。	異なる種類の植物との比較を行う。	「たしかめよう」「学びを生かそう」を行う。
評価	実験・観察を通して、興味関心を持つ。学習の見通しを持っている。	実験・観察を通して得られた知識を基に表現し、問題解決をしている。	実験・観察を通して、植物の育ち方を知り、新たな問いを見つけている。	実験・観察で身につけたことを振り返っている。

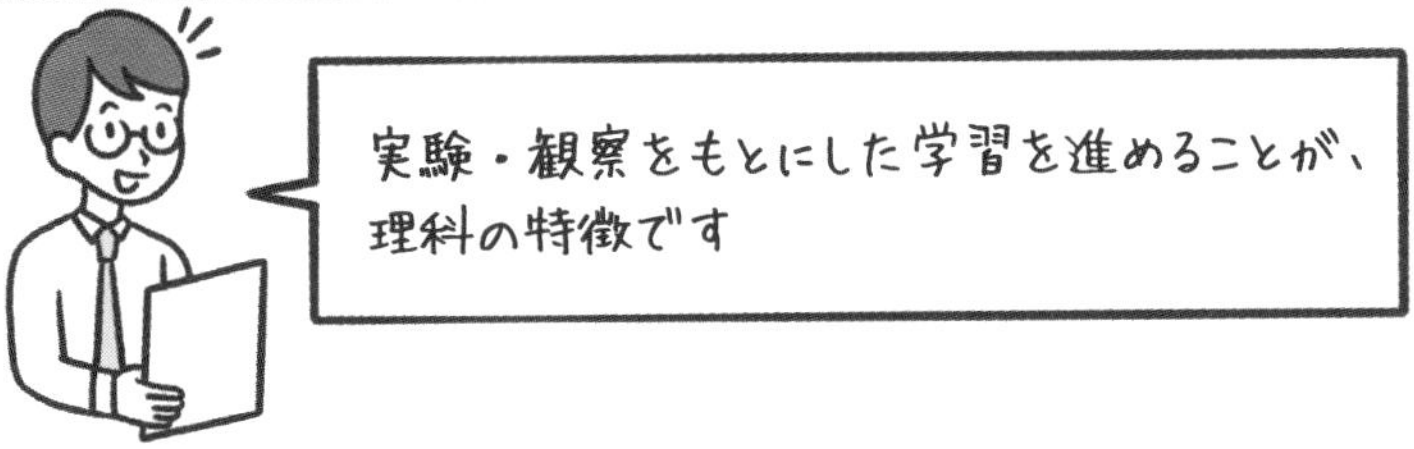
実験・観察をもとにした学習を進めることが、理科の特徴です

用したりする

といった基本的な流れがあります。

では、理科では、どのような構造を基本的にもっているのでしょうか。

・写真や実際の実験で興味関心をもったり学習の見通しをもったりする

・実験や観察を通じて、本単元で身につけたい力を身につける

・学習したことをまとめたり活用問題を解いたりする

というのが基本的な流れです。特に「実験・観察」をもとにして学習を進めるのが、理科の特徴であると言えるでしょう。

子どもの意見から学習をつくる

理科の教科書の扉のページを見てみると、

観察、もしくは、実験

で2ページが埋められています。

みなさんは、このページでどんな授業をしますか？　また、どんな力を子どもたちに身につけたいと思いますか？

扉の2ページは、ほとんどの場合、写真だけで埋め尽くされています。実際に子どもたちに実験をするようなページもありますが、それもわずかしかありません（そのような場合であれば。実際に実験をすればよいでしょう）。

もちろん、このページでも「実際にヘチマが見れない」。しかし「うまく育っていなくて観察なんてできない」ということもあるでしょう。

実は、実際に観察や実験をするかどうかではなく、もっと大切なことが、このページには、隠されているのです。

写真を見て、わかったこと・気が付いたこと・思ったことをできるだけたくさん出し合いましょう。

すごく大きなものがあります!

よく見ると、2つの花には違いがあります!

みんなでたくさん意見を出し合ったのち…

今回の学習でどんなことを調べてみたいですか
どうやって大きな実ができるのか調べたいです!

2つの花に、どんな違いがあるのか調べたいです!

「花から実へ」とは、どういうことなのか学習が終わった時に分かるといいね!


それはこのページの目的です。

・興味関心をもつこと
・学習課題（問い）をもつこと

　この2つが、このページの大きな目的です。

　そのときに、ほとんどの場合で使える発問が次です。


「わかったこと・気がついたこと・思ったことを、できるだけたくさん出し合いましょう」


　これは向山洋一先生の発問に習って活用しているものです。

　すると、子どもたちは、写真からたくさんの気づきや疑問を出し合います。それが、興味関心や学習課題へとつながっていくのです。

　この発問は、たくさんの場面で活用できます。ぜひ、使ってみてください。

観察・実験を子どもたちに任せよう！

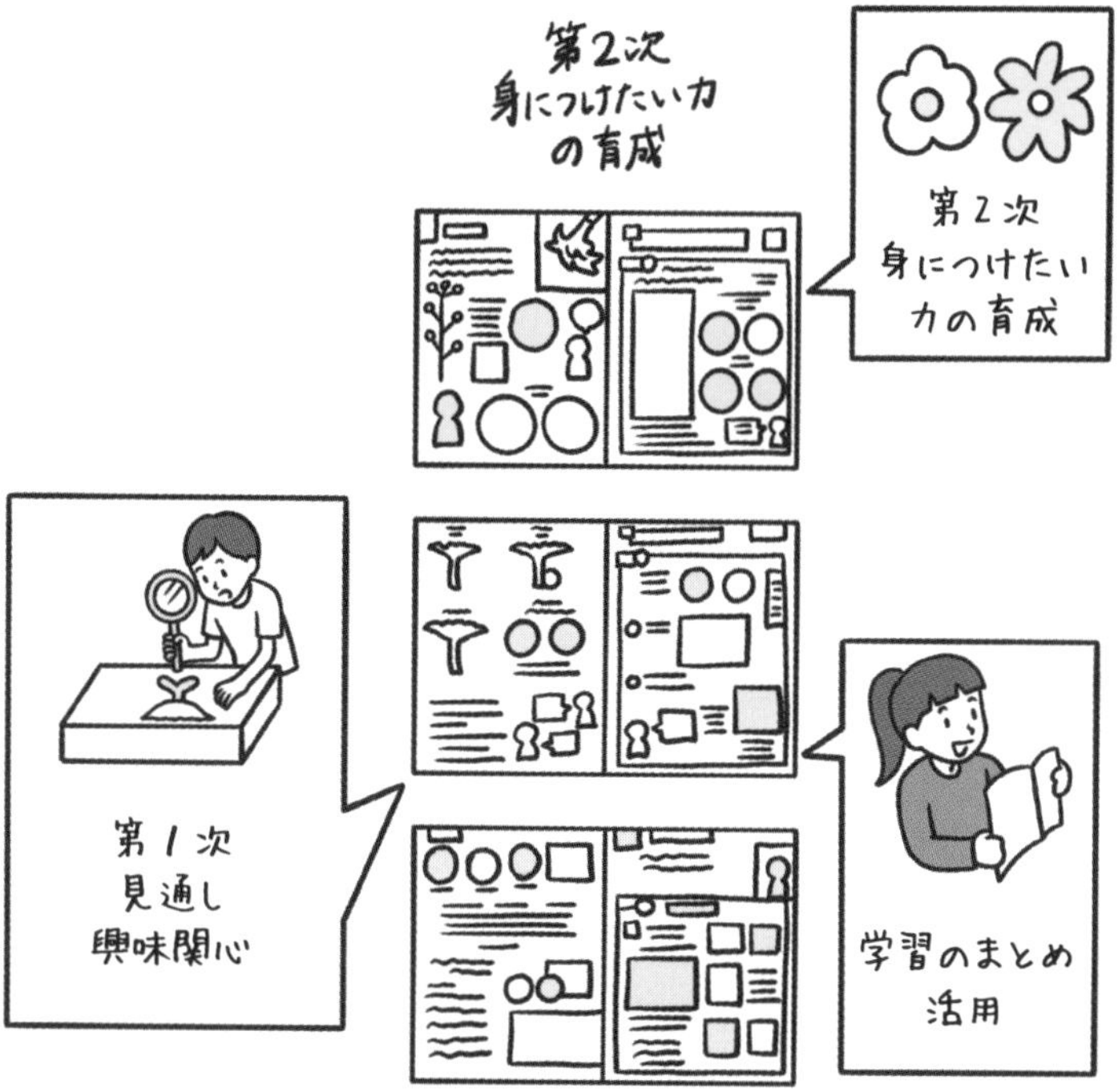
第2次
身につけたい力
の育成
第2次
身につけたい
力の育成
第1次
見通し
興味関心
学習のまとめ
活用

第2時以降は、2次とよばれる学習段階へと入っていきます。

私は、2次での重要なこととして、**子どもたちが身につけるべき力を身につける時間**と設定しています。この「身につけるべき力」は、学習指導要領が示している3観点であり

・知識、技能（「雄花」・「雌花」などの学習用語）
・思考力、判断力、表現力（どうして2つの花に分かれているのか、身はどうやってできるのか、など）
・主体的に学習に取り組む力（自分から雌花を比較する、など）

といったことです。これらの資質能力を伸ばしていく、そんな意識をもって授業を進めていきます。

そして、2次では、実際に観察をした

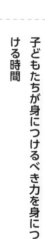

り実験をしたりする学習が組み込まれています。

今回の観察の説明を、読んでいる方々ならどのように指導するでしょうか。

ここでも、忘れてはいけないことがあります。

教科書は自力で読めるようにつくられている

という前提です。ここで、先生から子どもたちに懇切丁寧に一つひとつ説明してしまっては、子どもの力がまるでつきません。

「どのようにして観察するのか、班のメンバーで完璧に確認しなさい」

こうして子どもに任せてしまうのです。教師の出番をなくし、子どもたちに学ばせるようにしましょう。

教科書と自分の発見を比べる

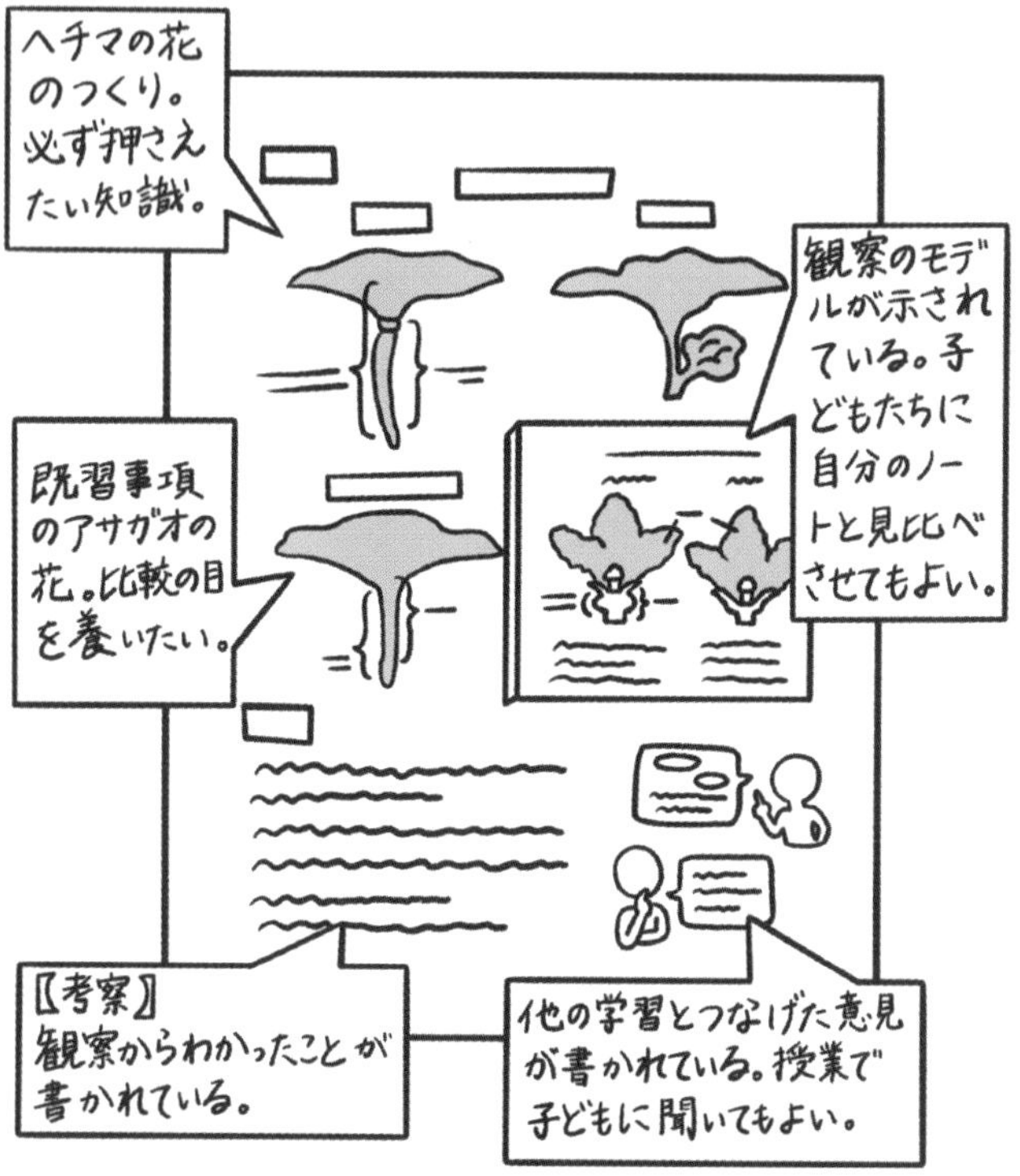
ヘチマの花のつくり。必ず押さえたい知識。
観察のモデルが示されている。子どもたちに自分のノートと見比べさせてもよい。
既習事項のアサガオの花。比較の目を養いたい。
【考察】観察からわかったことが書かれている。
他の学習とつなげた意見が書かれている。授業で子どもに聞いてもよい。

理科の授業では、実験・観察が終わったら、まとめをする、というように

活動→まとめ

という流れができあがっています。社会や国語であれば、「それぞれの考えでよい」となり、教科書に書かれている内容と子どもたちの意見や考えがちがっていてもよいこともありますが、理科はそうはいきません。

ヘチマの花を観察したのなら、花びらの数は決まっていますし、雄花と雌花は存在します。「○○小学校のヘチマは1種類しかありませんでした」なんてことはないのです（これが理科の面白いところですが）。

子どもたちは、活動によって、いろいろなことを見つけてノートに書いているのに、教科書には、正しい答えが書いている……。この現実をどのように生かすのか、教科書と子どもたちの活動をうまくかけ合わせることがポイントになりま

す。

子どもたちは、実験や観察が大好きです。理科の実験や観察となれば、はりきって活動に取り組むことでしょう。とはいえ、正確な実験や観察をするスキルや姿勢も身につけさせたい……。

たとえば、次のようにします。

「自分の調べたことと教科書を見比べてみなさい」

子どもたちは、自分の気がついたことや調べたことが正しいと思っています。教科書にも同じことが書かれていれば安堵するでしょう。もし、自分と教科書でズレがある場合には子どもはどうするでしょうか。子どもたちは教科書を鵜呑みにはせずに「なぜ?」と考え始めます。そして、自分の観察や実験の様子を振り返り始めます。

このように教科書を活用することで、実験・観察の姿勢も育てられるのです。

学習内容を条件付きでまとめる

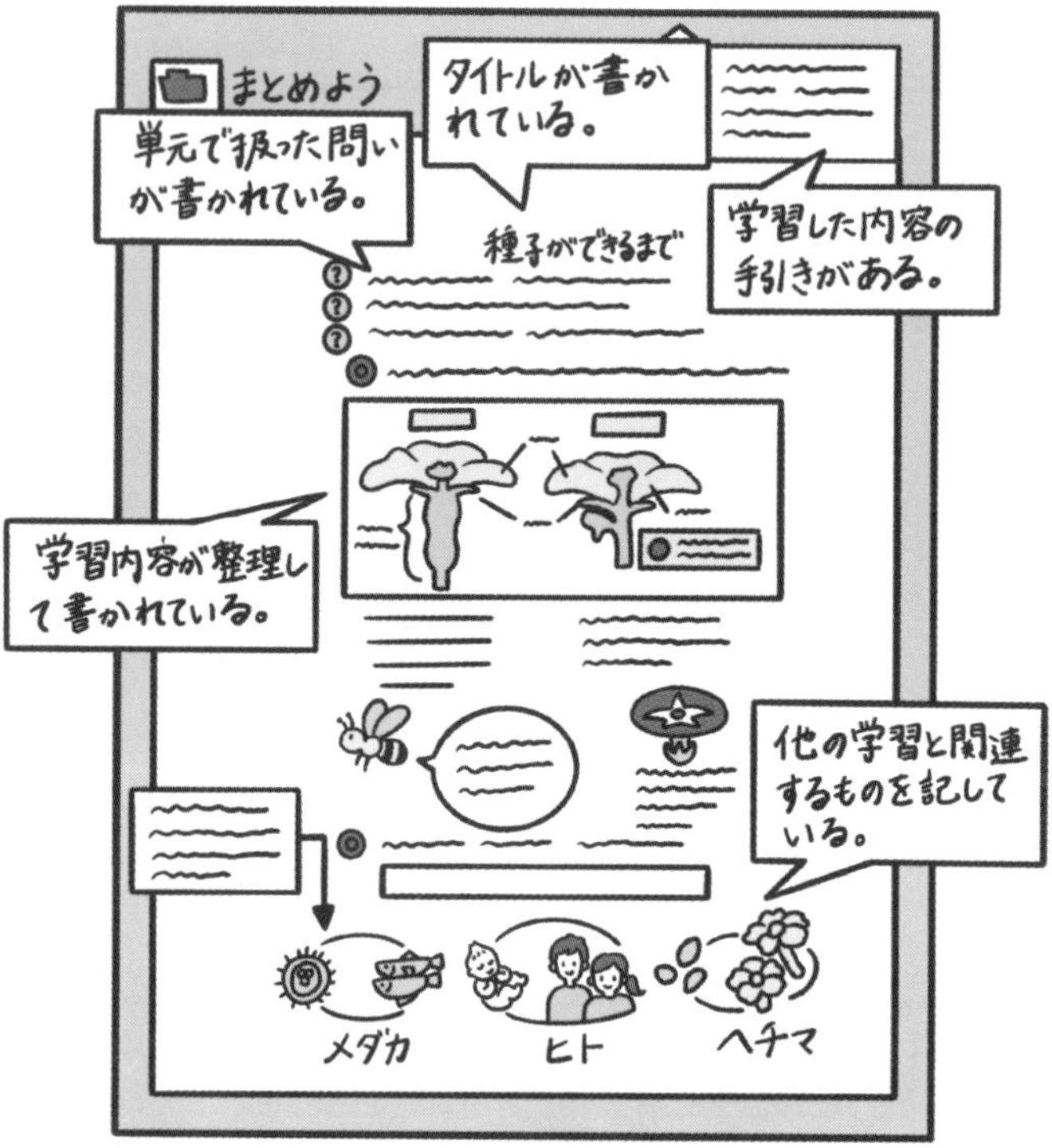
まとめよう
タイトルが書かれている。
単元で扱った問いが書かれている。
種子ができるまで
学習した内容の手引きがある。
学習内容が整理して書かれている。
他の学習と関連するものを記している。
メダカ
ヒト
ヘチマ

第1次で興味関心を持ち、第2次で実際に学ぶことを通して、身につけたい力を身につけていく……。そんな流れから、最後の第3次に入ります。

理科の授業の第3次の活動は

・学習したことをまとめる活動
・学習したことを発展させる活動

の2点があります。たとえば「月と太陽」の学習をした後には、「人類が初めて月に行ったとき」「月の表面積の温度」などといった、発展的な学習内容を扱うこともあります。「学習して調べたくなったことを、実際に自分で調べる活動」も、発展的な学習と言えます。

もう一つが「学習したことをまとめる活動」です。こちらの学習の目的は「学んだことを振り返る」「学んだことを定着させる」といった意味合いが強くなります。単元テストなどの前にもおすすめの学習方法です。

上記のイラストのようなイメージで学習内容をまとめていきます。
その際は、

・ワークシート
・ノート
・一人一台端末

のどれを選んでもらっても構いません(理想は子どもが選択できることです)。
ただし、どの方法でも、

条件を設けること

制限とは、紙幅の条件です。いくらでも書けるという条件では、要点をまとめるという力がつかなくなってしまいます。

特に一人一台端末でスライドなどにまとめる場合は注意が必要です。ページに制限をかけて、与えられた範囲内でまとめる力を身につけさせましょう。

おわりに

本書をここまでお読みいただきありがとうございました。

いかがだったでしょうか？

教科書を活用する授業について、イメージをもつことができたでしょうか。

私にとって、教科書を活用することは、自分自身の教師人生を大きく覆してしまうくらいの大きな出来事でした。


正しい教科書の活用を知らなかった私は、いつも、次のような準備を必死にしていたのです。

赤本（教師用指導書）を見る

自身のノートに書き込みをしながら45分間の授業について詳細に頭の中に入れていました。赤本があるとはいえ、やはり授業準備に時間がかかるもの。毎日の教材研究にあくせくしておりました。

インターネットを検索する

私が教師になったときには、インターネットがずいぶんと盛り上がりを見せていたころでした。今の時代にＳＮＳで情報を収集するように、当時は、インターネットを多く活用していました。インターネット上には「そのまま授業できる」ページが多く存在していました。インターネットの存在は、私の授業準備を大きく助けてくれました。


しかし、そのどちらにも、大きな欠点がありました。

それは、次の2つの大きな欠点です。

・いつまでたっても自分で授業を考えることができるようにならない

赤本にしてもインターネットを検索するにしても、モデルを探すわけですから、私はいつまでたっても「何かに頼りっぱなし」という状態が続いたのです。もちろん、何かを参考にすることは大切なことですが、赤本やインターネットは45分間の授業の詳細まですべてが記載されています。そこに、私の思考が入る余地はありませんでしたし、入れる力もつけることができなかったのです。

・子どもたちの思考する余白がない

赤本やインターネットに掲載されている情報には、詳細に授業の流れが書かれています。つまり、45分の授業の流れは、すべて決まっているとも言えるのです。

こんな2つの大きな課題を解決してくれたのが、私にとっては「教科書活用」だったのです。

教科書を活用するようになり、私の授業はずいぶんと変化しました。

・自分で考えることができるようになった

教科書には最低限の必要な情報が掲載されています。本書で示した通りの方法で、教科書を分析することで、授業の流れをつかむことができるようになりました。

最初は戸惑いがあったものの、それはすぐに解消されました。

そして、自分の頭で、自分の手で進める教科書分析は、とても楽しいものでした。分析を重ねるたびに、時間は短縮されつつも、分析の質を高めることができるようになりました。ようやく、教科書活用を通じて、自分の手で授業をつくることができるようになったのです。

・子どもたちが授業に参加できるようになった

教科書を活用することで、子どもたちの活躍の姿がうんと増えました。まさに「子どもとつくる授業」を体感することができるようになったのです。つまりは、「子どもたちの考えを引き出すことができるようになった」「子どもたちの声を授業でいかすことができるようになった」とも言えます。

このような経験が、私は「教科書活用」との出会いで果たすことができたのです。

今、日本の教育界は激動の中にいます。

２０２３年12月の記事では「精神疾患で病気休暇（1カ月以上）を取った教員との合計も過去最多の1万２１９２人に上った」との記事がでました。業務改善は待ったなしの状況が続いており、何とかこの状況を打破せねばなりません。

私は、この一手に「教科書活用」が大きな影響を与えると思っています。「授業準備の時間は短くなるが、授業の効果が高まる」教科書活用のノウハウを、ぜひ一人でも多くの人に届けたいと思っています。

ぜひ、本書を通じて教科書を活用した授業を充実させてください。

そして、先生も子どもたちも笑顔あふれる教室が広がっていくことを心より願っています。

2024年1月10日

丸岡　慎弥

イラスト図解でわかる
教科書活用

2024（令和６）年２月28日　初版第１刷発行

著　者　丸岡慎弥
発行者　錦織圭之介
発行所　株式会社 東洋館出版社
〒101-0054　東京都千代田区神田錦町2-9-1
コンフォール安田ビル２階
代　表　TEL：03-6778-4343　FAX：03-5281-8091
営業部　TEL：03-6778-7278　FAX：03-5281-8092
振　替　00180-7-96823
U R L　https://www.toyokan.co.jp

［装　　丁］奈良岡菜摘
［イラスト］ナーブエイト 岡村亮太
［組　　版］株式会社新後閑
［印刷・製本］株式会社シナノ

ISBN978-4-491-05409-4　　Printed in Japan